LOCUS

LOCUS

LOCUS

LOCUS

mark

這個系列標記的是一些人、一些事件與活動。

mark 194
追尋岡村俊昭：熱血記者的台日百年棒球超級任務

作者：鄭仲嵐
責任編輯：李清瑞
封面設計：簡廷昇
校對：廖彥博
內頁排版：宸遠彩藝
印務統籌：大製造股份有限公司
出版者：大塊文化出版股份有限公司
105022 台北市松山區南京東路四段 25 號 11 樓
www.locuspublishing.com
locus@locuspublishing.com
讀者服務專線：0800-006-689
電話：02-87123898
傳真：02-87123897
郵政劃撥帳號：18955675
戶名：大塊文化出版股份有限公司
法律顧問：董安丹律師、顧慕堯律師

總 經 銷：大和書報圖書股份有限公司
新北市新莊區五工五路 2 號
電 話：02-89902588
傳真：02-22901658

初版一刷：2024 年 7 月
定價：380 元
ISBN：978-626-7483-12-1

追尋岡村俊昭 : 熱血記者的台日百年棒球超級任務 / 鄭仲嵐著 .
-- 初版 . -- 臺北市 : 大塊文化出版股份有限公司 , 2024.07
304 面 ; 14.8×21 公分 . -- (Mark ; 194)
ISBN 978-626-7483-12-1(平裝)

1. 岡村俊昭　2. 職業棒球　3. 運動員　4. 傳記

783.18　　113006777

追尋岡村俊昭

熱血記者的台日百年棒球超級任務

鄭仲嵐　著

推薦序
Google搜尋不到的人生紋理，他以偵探之手解密了！

丘美珍／專欄作家、品學堂文化長

這本書是一個鍥而不捨的記者，長達八年的解密之旅。讀完全書，對於作者仲嵐這樣馬拉松式的調查精神，實在佩服。

與仲嵐認識，緣起於二〇二〇年。當時，人在台灣的我，接到日本文藝春秋出版社編輯安藤小姐的邀約，撰寫一本唐鳳的書，預定當年在日本出版。安藤小姐問我會不會日文？我說，我會，但程度不足以寫書。所以，我想到如果我能找到一位能讀寫日文的共筆作者，這書或許能成。

剛好那時，我的專欄在多語網媒 Nippon.com 刊登，因為這樣，認識了那時剛從台北到東京工作的仲嵐，我開口邀約他一起共筆，他也爽快同意。那本唐鳳的書後來在二〇二〇年

九月出版，書名是《Au オ—ドリ—・タン 天才IT相7つの顔》，受到日本媒體和讀者的好評，委實非常幸運。

從那時到現在，仲嵐活躍於日本的媒體圈，常有專欄刊登在台灣及日本的媒體上。但他不只是新聞人，他還有偵探魂。

認識仲嵐這幾年，我知道他在追尋一個故事，一個台灣原住民選手葉天送到日本棒球界，以岡村俊昭之名發展的故事，但是過程非常不順利。幾次在他回台灣敘舊時，一聊起那幾年的尋人經過，他總是嘆氣說：「好不容易追查到的線索，以為有了新的進展，結果卻又斷線了！」

我知道這件事有多難。雖然這是一段 Google 找得到的歷史，但是其中的細節，卻無人知曉。這些細節塵封百年，從日治時代跨越至今，其中的關鍵主角已經作古，許多資料散佚各地，光是要找誰去要到這些資料，都得從頭細細爬梳。在這個 Google 搜尋萬能的時代，對於網路上搜尋不到的資料，我們通常就直接放棄了。

但是，仲嵐卻不服輸。先找到一條線索，找到一個人，解開一個謎團。之後，再試試別的線索，試試可能的關係人，從對方的一句話或一個模糊的記憶，開始新的探尋。從二〇一六年至今，這樣走走停停的探詢，加上把這個尋人經過撰寫成書，竟然持續了八年！如果不是熱愛棒球、熱愛解密、熱愛新聞、熱愛寫作的人，一定做不到。這樣想來，仲嵐是命定要寫出這個花蓮同鄉葉天送（岡村俊昭）生命故事的人啊！

回到這個故事的主角葉天送，在他八十多歲的人生中擁有三個名字：一個是阿美族的本名，一個是漢名葉天送，另一個是日本名字岡村俊昭。一個人有三個名字，意味著他有三段人生。Google 找得到岡村俊昭，但只能找到少許葉天送，而完全找不到葉天送的阿美族名。

就如同詩人及奇幻作家勒瑰恩（Ursula K. Le Guin）所說：「欲成為海洋大師，必須知曉大海中每一滴水的真名。」想要知道一個人的一生，也必須知道他所擁有的每一個名字。這個道理，我想仲嵐懂得。最後，他找到這第三個真名了嗎？這個答案，我想保留給讀者自己去閱讀書中的解密過程。

電影《可可夜總會》（*Coco*）裡提到，一個人去世，並沒有被遺忘。但是，如果這世界上再也沒有人想念他，這個人就真正消失了。我想，仲嵐苦心追尋岡村俊昭的故事，對我們最大的提醒是：「我們知道自己有幾個名字嗎？這些名字可以活成怎樣的人生？」

最後，捫心自問：「承載著這些名字的我們，又希望如何被人記得呢？」

跨越百年的故事，在這個時代，仍然具有新意，我想，這就是這本書神奇的魔力。

推薦序

跨越時空、跨越海洋，傳遞著勇氣

永井良和／關西大學社會學部教授

第一次聽聞岡村俊昭這個名字，大概是在我中學的時候。那時岡村先生已經退休很久了，我並沒有機會見識到他在球員時代活躍的風采。但小時候作為南海鷹的球迷，我熱誠地閱讀了球隊發行給球迷收藏的刊物、棒球雜誌及南海鷹總教練和球員們的回憶錄等書。從中我才得知了南海鷹曾經有一位叫岡村的選手。當年我十來歲，並不能從岡村俊昭這個日本名字中，想像出他是一位跨海而來的選手。

等到我清楚地理解到岡村俊昭是來自台灣時，我已經過了四十歲，並寫了《南海鷹隊的時代》和《鷹隊的七十年》等書籍。

然而歲月流逝，岡村俊昭已於一九九六年去世，而南海鷹隊也在一九八九年被轉賣，主場還從大阪遷移到福岡。儘管如此，在大阪仍有許多南海鷹的球迷，因此我們曾在堺市市立博物館舉辦一場回顧展。在尋找提供參展品的協助人士時，我們得到了南海鷹隊前隊員岡本伊三美和梶田睦的介紹，得以認識了岡村的家人。他們借給我們一本相簿，當中包含了南海鷹隊在戰後不久的珍貴照片，這些都成為了我們的展品。我與岡村先生的家人結識，正是因為這樣的緣故。

我曾考慮過將岡村俊昭波瀾壯闊的一生統整成一本完整的傳記。然而，雖然我可以查到他在京都的事蹟，但他在台灣的時期卻仍籠罩在神祕迷霧之中。我閱讀了日本統治時期的《臺灣日日新報》等報紙，但能找到的相關報導文章非常有限。

一個重要的轉折點是電影《KANO》。二〇一四年春天，我在大阪看了這部入選「大阪亞洲電影節」的電影。這部電影讓更多人對在日本已逐漸被遺忘的嘉義農林棒球隊產生了興趣。不僅如此，在這場台灣嘉義農林棒球隊獲得亞軍的賽事中，一樣有參賽的京都平安中學裡也有來自台灣的選手，我希望台日兩地的人們都能再次了解到這一點。

然而，我單獨進行採訪卻遇到了困難。當我感到時間已經被蹉跎的當下，收到了一位台灣青年的聯繫。他說他正在調查岡村俊昭，希望得到幫助，並希望能與岡村的家人見一面。之後的事情，就如同鄭仲嵐在這本書中所描述的那樣。

鄭仲嵐花了許多時間和精力，進行了我自己都難以完成的艱難調查。這本書中記錄了許多台灣在日本統治時期棒球史上重要的逸事，這些都是在他的努力下挖掘出來的。其實，不僅如此，一百年前那些相信自己潛力、勇於跨越海洋挑戰新事物的年輕人，他們動人的生命故事，更可以透過這本書，為當今的年輕讀者們帶來勇氣。正如即使與語言不同的人，也可以透過簡單的傳接球來分享樂趣一樣，這本書將使當代年輕人能夠有機會與過去的挑戰者對話互動。而鄭仲嵐的追尋行動，使他成為一位與百年前的年輕人一同對話的時空旅人。

棒球只不過是一個直徑不足八公分的小球，但這個小小的球卻充滿了巨大且迷人的力量。如果大家能在這本書中再次確認這一點，那將是一件再幸福不過的事了。

目錄

Hawks

南海鷹時代球員團體照，岡村俊昭在後排左四。（照片提供：岡村家族）

自序

二〇二四年二月下旬，我造訪位於兵庫縣西宮的甲子園棒球場，二月的天氣仍然冷風颼颼，面對緊接而來的春季甲子園賽季和職棒球季，現場的工作人員正在馬不停蹄地加緊整備作業。此行前來，有個重大的任務，即是造訪球場後方的甲子園歷史館。等到我走到歷史館大門前，已經有三位工作人員等待著我的到來。

在三位工作人員的細心引導下，我被帶到館內的一處期間限定「台灣・嘉義農林特別展」區域，裡面陳列著當年台灣球隊嘉義農林在日本統治時期的輝煌歷史，除了有球衣、紀念球，還有塑像與各類文物展示。

而在展示區的一隅，放置著一個棕褐色的皮革行李箱，上頭貼滿了各式旅館的貼紙，下方的說明文則寫著「岡村俊昭旅行袋」。我定睛看了許久後，跟甲子園球場工作人員道謝：「謝謝你們幫忙保管。」工作人員則親切地回應：「一切都多虧您和永井教授幫忙！」我則連忙回自己沒做什麼，永井教授的聯絡才是更重要的。

一九二四年開幕的甲子園球場，二〇二四年迎接一百週年紀念。作為高中棒球選手的聖地，甲子園無疑地在日本棒球史上占有重要的一席之地。而在台灣過去被統治的五十年間，也有不少台灣好手在此揮灑熱血，無論是閩南人、客家人與原住民族等，都用自己的實力證明，在體育的賽場上，大家透過公平較量，以實力分出勝負，都能獲得他人的尊敬，這也是運動競技最難能可貴的地方。

談到目前全球職棒最關注的人物，莫過於大谷翔平了，當年他也是馳騁甲子園賽場的小球員。但如今，他已經以卓越的投打「二刀流」*姿態拿下美國職棒大聯盟單季雙位數勝投與全壘打王等，無疑將棒球的可能性推到新境界。大谷翔平的談吐優雅、定性專注、沉著冷靜，無不是現在新生代棒球孩童的樣本。我過去採訪棒球時，也曾現場碰過他幾次、並有一次直接採訪經驗，對於大谷的家教感到敬佩。當年他實現在甲子園出賽的夢想，如今則已在世界殿堂踩穩他更大的夢想。

大谷翔平曾說，大聯盟最精彩的地方是能與世界各國不同的棒球人士切磋交流。確實，大聯盟除了美國、加拿大外，還有中南美各國，亞洲的台、日、韓等強者如林，近來連歐洲的英國、德國等都有好手赴美國挑戰。大聯盟自豪的，正是它匯聚了全世界各國的棒球菁英的精彩多樣性，也強化了競爭程度。

然而，時間倒退回一百年前，當時的棒球環境卻不是如此。當年的大聯盟是只允許白人階級菁英參與的組織，其他有色人種只能去打其他自組的聯盟，一直到一九四七年首位非洲裔球星傑基．羅賓森（Jackie Robinson）站上大聯盟打擊區後，一切才開始慢慢改變。但當時種族歧視的社會現象仍是相當普遍，直到後來經由這些非裔球員的精彩表現，才讓美國白人社會慢慢接受種族、文化皆需平等的概念。

羅賓森的四十二號球衣在一九九七年從全大聯盟球隊退休，未來所有球隊的新進選手均不再使用這個背號。而亞洲的棒球選手們也約莫在那時起開始在大聯盟大放異彩。如今我們看到了大聯盟的精彩多樣性，也是走了很久時間才達成。

至今，大谷翔平的成就不僅是體育界的勝利，更是跨文化理解與平等機會的象徵。從一個世紀前的嚴格種族隔離和文化隔閡，到現在這樣一個多元文化和國籍的人們能在全球舞台上展示他們的才能，我們都成為時代巨輪下，社會進步的見證者。

大谷的成功也同時鼓勵人們相信，無論背景如何，只要有才能、努力和堅持，就有可能

＊編注：二刀流原意為一種雙手持刀發動攻擊的武士劍法。現引申為在體育運動中，不論進攻和防守都很出色的選手。在棒球比賽中，則指同時擅長投球與擊球的球員。

實現自己的夢想。他的故事也同時激勵未來一代，尤其是那些來自被邊緣化或少數群體的年輕人，去追求屬於自己的激情和夢想，不要受傳統拘束。包括體育、藝術、科學等，都可以在各領域激發出更多的包容性和多樣性。

二〇二四年也是日本職棒的九十週年紀念，九十年前，即一九三四年底成立的讀賣巨人軍，象徵這個國家職業棒球的起步。該隊也在二〇二四年前往台灣的大巨蛋比賽，更令人期待能藉此開啟台日的棒球交流更多樣深化的新篇章。

我向工作人員們道謝後，繼續參觀著甲子園歷史館，雖然已經來過不少次，但每次來到這裡總是樂此不疲。一小時多的參觀快結束後，我又特地繞回特別展，想要最後「拜別」這個岡村俊昭行李箱，往後它將由館方特別保管。隔著壓克力板再度仔細端詳後，突然間湧上了這八年間的採訪回憶，但終須一別，不禁深有感觸。

這個行李箱不只裝載著岡村俊昭這位棒球選手當年的夢想，也成為引領他前往日本本土尋夢的起點。他也透過自己的棒球實力，在當時傳統社會下展現自身的多樣性。

而我與這個行李箱的邂逅、以及對岡村俊昭的認識，一切的一切，都要從二〇一六年的一次緣分說起。

第一部 台灣

來自花蓮的岡村俊昭，
意外地開啟身為記者的我追尋他的超級任務……

照片提供：岡村家族

因緣際會

夏天的台北盆地總是潮熱多濕，每天午後的雷陣雨更是這個時節必有的景象。地處副熱帶與熱帶交界的台灣，夏天受到溫潤的西南季風吹拂，帶來豐沛的雨量，而台北盆地宛如聚寶盆一般，將潮濕的空氣凝聚起來，悶熱的空氣經由日曬成為水蒸氣後，在下午化作大雨。因此就戶外運動來說，夏天的台北實在不是個適合的地方，早上悶熱難耐、下午又大雨滂沱，尤其對於棒足運動更是如此。大都市內光是要找到九人組隊已是相當困難，台北市棒球場地稀少，街道異常擁擠下，就連傳接球的場地都很難找到。即便有場地，別說常常要躲雨，在排水不佳又泥濘的土地上打棒球更是台北人的家常便飯。

話雖如此，台北卻是台灣棒球運動的隆興之處。早在日本統治台灣第十一年的一九〇六年，第一支球隊「總督府中學校野球團」便於台北城南門外建立起來。根據記載，當年棒球剛被渡海來台的日本年輕一輩當作新型娛樂時，不少台灣當地人總是在一旁側目並一臉嘖嘖稱奇，認為這種用棒子敲打、相互追逐的遊戲到底是有什麼好玩的？

然而，在當年總督府中學校的校長田中敬一獎勵體育運動風氣下，率先登高一呼組成球隊，成為台灣有史以來第一支棒球隊，爾後不少畢業於「東京六大學」*以及關西各名校的日本畢業生相繼來台，進入公務之餘並熱心推廣棒球，擔任客座教練等，讓棒球開始在台北盆地發芽生長。

不只是第一所中學棒球隊，第一支社會業餘的棒球實業團、第一支進軍甲子園的球隊等，都是來自台北，日本統治時代的台北圓山棒球場（現花博紀念館）更是被稱作台灣甲子園的聖地。而中南部、甚至東部的棒球，則是要再十年之後的大正時代，才開始慢慢普及。

至今經過一百多年，台灣已經成為世界有名的棒球強權，其中很多名校都是位於中南部與東部，雖然台北地區的棒球運動可能稍微減緩了些，然而其歷史地位的重要程度依舊是不可磨滅。第二次世界大戰後，統治中國的國民黨來台接收，幾十年下來的台北市運動已經變成以籃球為主，或許對於台北盆地這種陰晴不定的天氣性格來說，可以在室內打的籃球，發展或許比棒球還要順遂得多。

即便如此，對出生在台北市的我來說，棒球依舊是小時候耳熟能詳的娛樂。原因在於，父親的家族來自花蓮縣光復鄉，當地棒球風氣鼎盛，棒球國手輩出，愛讀書的父親小時候也

* 編注：指早稻田大學、慶應義塾大學、明治大學、法政大學、立教大學、東京大學六所位在東京的大學。一九〇三年十一月，早稻田大學與慶應義塾大學進行第一次的對抗賽，被視為「東京六大學棒球聯盟」的起源。之後其他學校陸續加入。一九二五年正式成立「東京六大學棒球聯盟」。

很喜歡打。

縱使父親往後的職業跟棒球毫無關係，但是從小我們家兄弟三人也是對棒球耳濡目染，喜歡聚在一起打棒球。而在進入新聞業界後，在電視台工作之餘，我開始擔任ＢＢＣ中文特約記者，同時也開始在聯合新聞網「鳴人堂」開設日本棒球的專欄，開始變得有那麼一點人知道。能夠透過文字分享自己喜歡的棒球，自然是相當快樂的事。

約莫是在二〇一六年八月某天，鳴人堂主編接到一家出版社對我有興趣的詢問。當時鳴人堂主編用有點開玩笑的口氣說：「那個人指名要見你，感覺是有點怪怪的人喔。」

「怪怪的？不會吧？」我心想是不是我寫的棒球文章哪邊出錯，接到讀者嚴厲批評之類，在網路昌盛的年代，任何一個失誤的言論總是會在下一秒被放大然後傳出去。

「不是欸，他說好像想找你寫書。」許姓主編給了比較正面的回應。

「喔？寫書？難道就像是許多專欄作家那樣，經過辛苦耕耘後，終於有幸得到出版社垂青，能將專欄集結成冊了嗎？」聽到這個消息讓我不禁有點喜悅，立即跟許姓主編要了電話後回撥。

回撥後，電話的另一頭是一位略為蒼老的聲音說：「你好你好，我是L社長。我有個寫書的想法，想找你聊一聊，不知道你有沒有時間見個面。」

聽到這個不禁讓我感到振奮，立即約了時間想盡快親自拜訪。

重視花蓮文化的出版社

八月中旬某個炎熱午後，我跟社長約好，一個人騎著機車來到位在大安區的出版社。我的家鄉雖然是花蓮光復，但小時候就在台北市大安區出生長大，基本上就是以這附近區域為家。

大安區號稱全台北、或說是全台灣最人文薈萃之處，有知名學府台灣大學、師範大學、台北教育大學，基本上等同東京的文京區。然而，倒是鮮少聽聞有出版社，我抱著略為不安的心情，進入出版社所在的大樓，一路搭電梯到某高樓層。

一出電梯門，迎面而來是個與其他公司共同使用的共享辦公室。雖說是出版社，但其實似乎沒有真正的辦公室。各房間外觀透明，打著優雅的黃燈，從外面就可直接看見內部。我進入某間辦公室後，正襟危坐到像找工作準備面試的感覺。

約莫幾分鐘，一位老人緩緩走進辦公室，頭戴畫家帽，身穿格子襯衫，宛若藝術家，想必正是L社長本人。旁邊則跟著一位略帶白髮，身形高大的人。

「來來來，請坐，不好意思光臨我們這間小出版社。」社長用略為自嘲的口吻稱呼他的公司。

旁邊的高大男子則是彬彬有禮拿出名片後說：「你好，我是編輯S。」我則是趕緊拿出電視台名片交換。

社長坐定後，先是清了清喉嚨，再開始對我介紹出版社的歷史。原來這位社長本身是作家，跟我家族同樣來自花蓮，自小就對鄉土充滿熱愛，許多文學作品裡也不時提到花蓮的風情。一邊從事教職之餘，社長也一邊開了自己的出版社，出版各式台灣歷史、文化、民俗等相關書籍。

介紹完出版社歷史後，他突然話鋒一轉，說：「這次來，是想說請你寫一本有關葉天送的書。」

「嗯？葉天送？」我回答道。

「葉天送是來自我們花蓮的棒球選手，一生都在日本打球。我之前有看你的棒球文章，覺得你寫得很好，所以我想說能不能請你來幫我們寫一本葉天送的書。」

「這樣啊，很謝謝您。」

「你應該知道葉天送吧？他有個日文名字叫岡村俊昭。」社長問我。

「是，我有聽過。」我立刻下意識地點頭回應。

「其實不只是葉天送喔，我們希望這本書也能夠帶一點『能高團』的歷史，畢竟葉天送好像也是能高團成員，還可以寫一下創立能高團的林桂興啊。」

「喔……」我又下意識地拉長聲音。

葉天送，日文名字岡村俊昭，是花蓮地區相當早期棒球前輩，年輕時前往京都就讀棒球名校平安中學，後來也在日本職棒效力南海鷹（現軟銀鷹）隊，九〇年代就過世了，這是我當時對這位歷史人物老前輩的粗略印象。

「當時能高團還前往日本本土打比賽，徹底讓當地的人知道花蓮的存在。這是很成功的城市行銷，後來日本也決定撥款給花蓮建港。」

在聊天中，我也跟社長提及我家族是來自花蓮縣的事。當我說完這句話後，社長突然眼神堅定地跟我說。

「如果你正好也來自花蓮，那我更想問問你有沒有意願寫這本書。」

社長突如其來的要求，讓我有點語塞。

社長接著說：「你除了可以寫到當時他參加的棒球隊能高團，還有提到當年對花蓮建設很多、很支持棒球的廳長江口良三郎。你知道當年花蓮要建設港口，很缺錢啊，結果帝國議會覺得花蓮不需要建設經費，就拒絕了。後來能高團一路從花蓮打到全台灣、再一路打進日本本土，起初還因為被看不起，對方只派出一支不怎樣的隊，結果一比賽狂贏十幾分，日本人看到能高團：『哇，這麼厲害！』嚇都嚇死了！趕緊派出早稻田來對決，結果後來花蓮和能高團的名聲全日本都知道了。」

藍圖似乎愈來愈大了，只見社長口沫橫飛，甚至開始比手畫腳起來，但當下對我來說有點目瞪口呆，只能「是、是」近似於敷衍的回應。

社長接著說：「其實花蓮在當時用能高團做城市行銷，這是很先進的概念欸！你看看，大家都說花蓮是『後山』吧，但其實如果是以美國西岸、夏威夷來看，花蓮才是前山，對吧？後來花蓮港也開始建港，我覺得能高團功不可沒，但最主要的是希望你藉由回顧葉天送這個人，也再提到一下當年花蓮的建設。」

只見社長情緒激昂，但對我來說卻是突然間太多資訊湧入，開始不知所措。原本以為只是一般閒聊，看能不能將專欄報導集結成冊。但是社長卻相當認真、並且滔滔不絕地敘述他對花蓮的熱愛，並且從當初寫一位棒球選手、開始要變成一個「能高團」的爬梳、甚至要變成花蓮當地的城市行銷等，格局愈來愈大，讓我一個小記者開始感到憂心。

「你覺得怎麼樣？」社長問我。

「我想問一下，如果他是原住民，那為何他會有漢民族的名字？」我突然提出疑問。

「我想應該是二戰後國民政府來的時候給他取的吧！」社長自然地回答。

想想也有道理，從小回花蓮光復鄉下騎腳踏車時，曾經有好幾次不小心騎到墳墓區，上面很多原住民墳墓都有三個名字：原住民名、日本名與漢人名，代表三個時代、三個不同的身分。

台灣人在被日本統治後，因為當時的政策，不少人在二戰時改成日本式的名字，其中就有不少原住民這樣做，許多原住民後來在二戰時更成為大日本帝國的「高砂義勇軍」前往東南亞作戰。而在戰後中國國民黨來台統治，許多原住民又在國民黨的政策下，強迫被改成漢文化的名字，直到一九九〇年代台灣解嚴幾年後，原住民才開始進行屬於自己的「回歸姓名運動」。

每一個名字都是不同的身分認同，一個是真正的自己，剩下兩個則是不同國家掌權下，屬於那個國家的名字。想起來，倒是有種被時代翻弄下，無法決定姓名權的無奈。

「我們想知道，你是不是有興趣幫我們寫寫看？只是要做一些前期調查。」社長看我開始發呆，適時戳破了這段幻想。

「老實說，我覺得有點困難。因為是已經過世很久的人了，而且對調查報導來說，純粹抒發一個已故之人，好像沒有新意。」我老實回答。

「我覺得你不要太有壓力，何不試著調查看看，做一些前期作業等，如果覺得可行，那我們再來談下一步，看是要申請經費、出版補助等。如果真的太困難，那我們就放棄也沒關係。」社長試著規勸。

社長說是說得容易，不過這對當時在電視台上班的我來說確實有點困難。除了每天下午四點到半夜一點固定值晚班外，白天還要幫外媒跑記者會，甚至寫稿等工作，沒有那麼多時間調查，還沒有調查經費。而且就如前所述，調查一個已故已久之人好像沒有新意，能找到的資料也有限。

看到我有點猶豫，此時社長突然插了句話：「欸，我聽說葉天送的後代還在京都，搞不好將來還能夠邀請他們來台灣訪問、拍紀錄片、做一個貼身回鄉的紀實，哇，一定很讚。」社長又開始串連他的花蓮文史夢。

「喔？葉天送在京都有後代？如果能有機會接觸到、甚至訪問到的話，應該蠻有意思的。」我心想。

不過，要先找到後代才行，京都這麼大從何找起，也是個大哉問。

L社長再說：「我有聽說日本關西地區有位永井良和教授好像認識他後代，不然你要不要跟他聯絡看看？」

對於記者來說，就算主角過世，但如果能採訪到後代，解謎其身世的話，這點倒是蠻有趣的。本來興趣缺缺，但聽到能試試採訪後代，感覺有點意思。

「好啊，那我先試試看吧。」也不知道哪來的自信，我想了一下後點點頭回應。

「那太好了，如果你有需要什麼幫助的話，歡迎跟我們聯絡。」L社長整個興奮起來。隨後也介紹了研究棒球文化史、住在台南的謝仕淵老師，讓我自己聯絡。我則是帶著略為興奮的神情出門，前往當時工作的電視台準備上下午四點的晚班。

果不其然，在下午四點前，台北盆地彷彿是吸取了一早上的燥熱後，再度下起一場又急又大的雷陣雨，我則是慶幸能在大雨來臨之前及時趕到公司。

萬般事務起頭難

從那天起，我就開始著手查詢葉天送、或是岡村俊昭的相關資料。不過用網路一查，發現出現的資料屈指可數，只知道岡村俊昭生於一九一二年五月四日花蓮港廳、卒於一九九六年京都。簡單地回顧其一生，岡村出自棒球名校平安高校、就讀日本大學，不僅是日本職棒球隊「南海鷹」（現軟體銀行鷹）的草創期的元老外，還從球員時代一路打到退休後，持續擔任二軍教練、最後還擔任球隊的球探後終老，可以說終其一生都跟棒球及南海鷹有著緊密連結。

不過，除了這些簡單的敘述和他過往例年的打球成績外，其他就再也沒有記載，連日文的網站亦是如此。單只靠這些冰冷的紀錄，基本上是連報導文章都寫不出來的，更遑論是要成書。我再找了更多資料來看，也都只有一些類似的棒球事蹟，甚至許多語焉不詳的文字，更讓人突然感到困惑起來，心中不禁暗念「還真的資料殘缺不全」。

隨後，我又查詢所謂「能高團」的相關資料，台灣已經有不少體壇前輩對此相關進行考證。事實上，能高團在台灣棒球史上有著不可磨滅的地位，但剛開始的我對能高團的知識相當淺薄，主要印象是小時候看漫畫家敖幼祥的《漫畫台灣棒球史》，裡面有提到原住民以石擊鳥、後來被一位漢人林桂興看中後，林桂興便召集當地的原住民們組成球隊。其中王牌投手「查屋馬」球猛鋼勁、捕手辜茂得鐵壁接球等，讓這支球隊宛如神話般威猛。

這支以全阿美族原住民為陣容的球隊不斷地在東部各地征戰，最後被當時的花蓮港廳長江口良三郎知道，將其改名為「能高團」後，並將該批原住民球員編入當地「花蓮港農林補習學校」（現花蓮高農）內就讀。能高團並於一九二五年首次前往日本本土比賽，給了當年的日本人相當不同的台灣原住民印象，最後多位原住民被挖角進入日本京都的平安中學就讀，這大致是我當年從漫畫上看到的印象。

由於光復是台灣知名的棒球原鄉，但長年以來一直不知道棒球強的主因為何。我剛開始反射性地思考，便假設岡村俊昭有可能是來自光復鄉。然而這推論完全缺乏證據，只是情感性瞎猜。我先問老爸知不知道這個人，老爸直接很率性地回應「沒聽過」。

持續上網查資料，發現岡村是從一九二九年四月的春季甲子園開始參加比賽，因此入學時間差不多是那之前。當年入學門檻相對不介意年紀，因此十七歲入學似乎很常見。比較特別的是，從一九二九年起「岡村俊昭」就忽然在日本的甲子園出現了，但是在過去台灣的棒球歷史卻隻字未提。不論是「岡村俊昭」還是「葉天送」，在台灣過去的棒球歷史像是幾乎不存在一樣。

對記者工作的調查報導來說，自然而然就衍伸出一個問題：「那他十七歲以前是在哪裡、在做什麼？他為什麼會被取名葉天送？這個緣由是什麼？」這樣的疑問開始在我腦海中浮現，逐漸揮之不去。

為了要了解這位岡村俊昭年輕的足跡，勢必要先去一趟家鄉花蓮縣光復鄉，或許可以知道一些蛛絲馬跡，至少看看能否訪問到當地棒球耆老。於是在那年十月，我便抽空找了時間回了趟光復鄉。

「上大和」光復鄉

「光復鄉是個地靈人傑的地方，特別是在體育運動項目上人才輩出。」我小時候就常常聽到老爸說這句話。

喜愛日本酒的老爸也會自誇光復鄉水質好、米也好，拿來釀日本酒是最好不過。不過老爸一直就把這種愛鄉愛土的自豪感掛在嘴上，讓我聽起來好像是他要間接稱讚他自己。對我這種都市長大的小孩來說，每年寒暑假雖然固定會回光復鄉下，但多半是和表兄弟們窩在一起打電動、租錄影帶來看，戶外活動就是在附近騎腳踏車，對於當地的歷史文化並沒有太多深究。這趟回老家，老爸也正好在幾天前先回去一趟，因此回家後，又再聽了一遍他對家鄉的熱愛論述。

一回到老家後，我首先詢問的對象便是爺爺，爺爺身為當地鄉紳，幾乎對所有當地原住民都瞭若指掌。不過爺爺的回應跟老爸如出一轍，都是「不認識」，隨後我用試探性地語氣問，「不知道還有沒有當地百歲人瑞或是棒球老前輩可能聽過他」時，爺爺則是雙手抱胸，用台語直截了當說：「已經都早就蹺去了吧。」

爺爺出生於一九三一年，而資料上岡村俊昭首次遠赴京都平安中學就讀並出賽已經是一九二九年，基本上不認識是很正常的。而且就算光復鄉棒球好手輩出，但也沒有直接證據顯示岡村是來自光復，因此剛開始，我只先把岡村的事當作一般茶餘飯後的話題來閒聊。本來想說看看能否透過介紹訪問一些當地棒球耆老，但後來也因此作罷。

我在鄉下找尋資料的同時，L社長也推薦了一、兩位當地的文史工作者給我，我則是透過臉書訊息，跟這位當地文史前輩請益。當問到有關岡村俊昭之時，該位文史工作者傳來一句話，「岡村好像是能高團候補。」

「候補？什麼意思？能高團那時已經人多到有候補了？」我心裡暗想，由於資料上的岡村出生年為一九一二年，就常理來說應該從其就讀的小學來找比較快。

詢問家人後，知道光復鄉最早的國小，是在太巴塱部落的太巴塱國小，前身是所謂的蕃童教育的「國語傳習所」，蕃童教育所是當年日軍平定各大原住民部落後，為了深化殖民教育而在台灣各地部落設的日語補習班，教師多為蕃地駐在警察兼任。

由於這些警察在明治時代前多半是遊走日本各地浪人，明治維新後又在日本本土難找工作，才渡海來台灣的山地當蕃警，順便任教，其中素行不良者不在少數，時不時就與凶猛的原住民發生衝突。

而且，從當時能查到的資料上來看，雖然知道岡村是來自花蓮港廳，但無法確定他是來自哪一個部落。當年能高團集結了花蓮與台東的阿美族棒球菁英，但是日本統治時代，花蓮與台東被認定的阿美族部落就超過九十個，如果要一個個探訪，根本宛如大海撈針。

這時，家人給了給提議，不如先問問看太巴塱國小。太巴塱國小創立於一九〇〇年，和位於花蓮市的明禮國小（舊名花蓮港公學校）可以說是花東地區最早的原住民日語教育先驅，且光復鄉出了眾多棒球好手，如果去當地問問，說不定會有岡村相關的資料。

於是事不宜遲，我撥了通電話給太巴塱國小，表明希望能親自去當地看看後，獲得對方允諾。打完電話後，我邊在客廳茶几上用電腦搜尋各種情報，一邊和爺爺、奶奶、爸爸閒聊，開始聊到有關花蓮與光復鄉的歷史。而在此，也讓我先大概簡述一下花蓮的歷史。

平定東台灣

大日本帝國在甲午戰爭結束，一八九五年正式領有台灣後，起初各地仍然是有許多抵抗，日本軍隊登陸台灣後，就在各地進行一系列的掃蕩作戰。當時台灣人口組成複雜，具體來說分為漢民族和原住民，漢民族下面有分成福建省移民的漳州、泉州系，及廣東省來的客家、潮州系。

至於原住民就更加複雜，原住民主要分有平埔族「熟蕃」，多半和漢族有較多往來，長年下來甚至不少平埔族都已經漢化、改成中文名字。至於另一邊則是高山族「生蕃」，主要分成十幾族群，生性好勇善戰、打漁遊獵維生，對於非同族的外人甚至會有割下人頭的「出草」習俗。

在過去清朝統治時代的台灣，清政府僅止於控制漢人和熟蕃生活的區域、其他一律稱為「蕃界」，原則上交給高山各族自治，平時幾乎不干涉其行為。

然而，在日本人統治台灣後，便希望能夠完整掌控島嶼，在陸續平定漢人以及平埔族居住的區域後，日本軍隊開始往蕃界進攻。只是蕃界多半是一千五百公尺以上的高山峻嶺，高山族善於赤腳在森林裡與日本軍隊打游擊、讓日本軍隊吃足苦頭，加上當時的高山除了原住民，還有毒蛇、猛獸，也有瘴氣、瘧疾、傷寒、霍亂等疾病，衛生條件惡劣。冬天時還會下雪、溫度低於零度。日軍多次出征，常常在與高山族作戰前，途中就有不少軍人病死、或是失溫凍死。

經過十多年後，全台灣的漢人抗爭、平埔族與部分高山族等陸續降伏於日本。但其中，日軍依舊無法完全平定的，就是東部的花蓮地區。雖然日軍從一八九六年就登陸東岸的台東卑南，開始往北行、陸續征服各地高山族蕃社，不過位於花蓮地區的「太魯閣族」（過去日本歸類為泰雅族），依舊死守山區與日軍對峙。

為何當年日軍需要從東南邊先登陸才能作戰？這原因也牽涉到台灣東邊複雜的地形。台灣的面積約為日本九州差不多大，首都台北市的位置就差不多等同福岡市的位置，花蓮市的位置大約在大分市，如果現在要前往，只需從台北搭兩小時的特快火車即可抵達，可以說相當方便。

然而，倒退到一八九五年日本剛剛抵達台灣時，情況卻是截然不同。台灣的中央有高大的中央山脈阻擋，當年幾乎窒礙難行，因此當日本軍隊抵達蘇澳（約為中津市位置）等地之後，就因地勢過高無法再往南。因此在經過思考下，日軍決定從台東的卑南位置（約宮崎市位置）登陸後，再一路往北進攻到現今的花蓮市。

當時的台灣交通幾乎沒有陸路，都是靠船而行，即便是西部地區亦是如此。有時從北部前往南部地區，甚至要先到中國的大港廈門轉船才比較方便。

日本軍隊後來治理台灣，首當其衝就是改善交通，並鋪設了打通南北交通的縱貫鐵路，於一九〇八年通車。隨後日本總督府持續往東邊鋪設鐵路，但是到了東北的蘇澳就因為高山屏障等因素而停止，旅客搭火車到蘇澳後就必須換船而行。而台東往南到屏東亦然，有著高大的大武山脈阻擋，加上經濟效益不高，同樣讓總督府打消鋪設鐵路念頭。

不過，東部的鐵路建設日本總督府卻也沒有忽視。在高大的中央山脈與東邊的海岸山脈間，有著相當漂亮綿長的花東縱谷。因此，雖然蘇澳到花蓮間因為地勢高聳無法建鐵路，但是花蓮到台東間卻是沒問題。總督府在西部的縱貫鐵路完成後，便於一九一〇年起開始鋪設花蓮與台東之間的鐵路，直到一九一七年正式通車。

因此簡單說，過去台灣東部的花蓮與台東，長時間以來就是因為高山地形緣故而成另類「孤島狀態」。我的祖先也是日本統治時代搭船來基隆後，轉搭船至蘇澳，再從蘇澳搭船至花蓮上岸。而連結蘇澳與花蓮的道路，要到一九三二年才通車。但因為斷崖落石多，常常下雨或是地震就必須封路，小時候回家鄉的山路總是蜿蜒曲直，宛如一場惡夢；直到二〇二〇年比擬高速規格的公路修繕後，兩邊的交通才算是安全。

而鐵路方面，雖然日本統治時期就想修蘇澳與花蓮間的鐵路，但是因為施工困難度太高、成本昂貴而一直未能實施；直到一九八〇年後，兩地間的鐵路才建好，當時全長七十九．二公里的鐵路，就有九十一座橋梁和十六座隧道，還有當時台灣最長的七千七百五十七公尺隧道。

我小時候寒暑假回花蓮的九〇年代，鐵路仍是單向的柴油火車，直到二〇〇五年台灣政府才完成雙軌化與電氣化。而至於台東到屏東間的火車則要到一九九二年才通車，二〇二〇年才完成電氣化。

由此可見，日本統治初期前往花蓮與台東的交通有多麼險峻，而這樣的「天然屏障」也成為高山族長年與外界隔離的主要因素。特別是當年太魯閣族驍勇善戰，日本總督府多次攻擊，卻都被勇猛的太魯閣族人擊敗，許多地區甚至連日本人都沒進去過。

而在一九〇六年，綽號「鬼佐久間」的佐久間左馬太來台灣就任總督後，一切狀況開始發生改變。

鬼佐久間

一八四四年出生於現在山口縣荻市的佐久間，年少時陸續打過第二次長州征伐、戊辰戰爭及西南戰爭等，幾乎以軍人身分見證了江戶時代轉到明治維新的過程，一八七四年也以軍人身分來台打過牡丹社之役，可說是很了解台灣原住民的日本將軍。

喜好喝日本酒的佐久間，過去和明治天皇曾有這麼一段逸事。當時開完旅團長會議後，明治天皇在宮中開御賜饗宴，傳聞明治天皇年輕時酒量也不錯，便問：「你們在座誰是最會喝的酒豪？」

隨後當時一旁的少將桂太郎（後任台灣總督）便直接回答：「我想應該是佐久間少將。」

明治天皇隨後又問：「那能喝多少？」

桂太郎隨即回：「一升瓶可以穩穩喝掉。」

之後，明治天皇笑說：「那之後就稱佐久間一升少將吧！」

想不到沉默片刻後，佐久間隨即低頭回應稱：「陛下，恐怕一升（音同一生）少將我會很困惑，至少也請給我當中將。」隨後不久佐久間果然晉升中將。據說明治天皇相當喜歡佐久間智勇雙全的一面，曾私下稱佐久間是「君臣間的魚水之交」。

佐久間來台就任總督後，隨即將平定所有東部高山族列為施政重點，一九一〇年並擬定詳細的「五年理蕃計畫」。幾年後，包括北部凶猛的泰雅族、南部的布農族等陸續招降，最後僅剩下東部的太魯閣族，據稱當他聽聞東部高山族仍有割人頭顱的出草風俗時，一度相當吃驚，因此也加速他想征伐太魯閣族的決心。

最終，日本總督府在經過兩年多、至少五次的詳細探勘下，決定由總督佐久間左馬太親自領軍，在一九一四年五月中旬從台北出發，前往中部的埔里設置本部後，正式下軍令進攻太魯閣。

在經過長達三個多月的戰鬥後，最後日本總督府以一萬三千多人優勢兵力、戰勝太魯閣族的三千多兵力，太魯閣族放棄抵抗投降，日軍正式進駐太魯閣並舉辦平定儀式。然而，當時七十歲的「鬼佐久間」也在與太魯閣族人戰鬥時不慎跌落三十公尺懸崖下，雖然經過治療，但仍在一年後的一九一五年過世。

戰爭結束後，太魯閣地區開始改頭換面，日本總督府在當地設置蕃童教育所，並教授太魯閣族養蠶，種植菸草、苧麻等作物，開始徹底改造太魯閣族的生活。

佐久間過世後，當地也設置佐久間神社、附近高達兩千八百零七公尺的山被命名「佐久間山」，太魯閣部分地區改稱「研海」（佐久間的雅號）地區，一生打過日本各大小戰役，卻在太魯閣負傷而往生的佐久間，在當時被總督府以這樣的方式紀念下來。

由於過去東部「蕃界」幾乎是未開發的叢林狀態，在日本政府有效統治、並陸續招募本土移民來當地開墾後，各地也出現了各式和風名字如：瑞穗、初音、鶴岡、田浦、池上、鹿野等，其中的吉野、賀田、林田等地更是日本人重點的移民村。而我的家鄉光復鄉，在日本時代的名字則稱作「上大和」（Kamiyamato），距離花蓮市中心以南四十六公里左右，面積約一百五十七平方公里。

天性溫和的阿美族

日本總督府雖然在平定太魯閣族時吃了不少苦頭，但是在開發東部地區之時，另一個高山族「阿美族」卻是相對與日本人維持不錯的關係。

阿美族是分布於花蓮至台東，從花蓮沿海地區、南下花東縱谷到台東北部等，是人口最多的原住民族群，至今約有二十一萬多人口，日本統治時期的人口統計則是約四萬八千人左右。阿美族人相較於其他原住民，較早融入一般農耕生活，在清朝時期已跟漢民族有貿易往來，個性相對溫順與愛好和平。當日本人前來統治時，在阿美族的地區相對沒有碰到太多抵抗。

阿美族的部落社會組成比較偏向社會主義，大家分享各自擁有的糧食與獵物，幾乎沒有竊盜行為。男生則是有固定的分工階級，阿美族男孩子在約十三至十四歲後，便開始在部落接受一連串的訓練，成年後依序學習各種耕作、作戰、土木等技術，壯年時期成為政治執行層。等之後成為長老階級時，可以負責部落的決策等。嚴密地分工讓男子在不同年齡各司其職，創造出紀律嚴謹的部落社會。

阿美族還有「母系社會」的傳統，意即母親是家族內地位最高，結婚時也是男生以入贅的方式進入女方家，在金錢上的掌控權也是以女方為主，甚至在離婚的決定與否都有很大權力。

相較於其他高山族有割下敵人頭顱的「出草」行為，阿美族相對來說並沒有這類傳統。不過當同族的人遭到殺害時，絕對會給予復仇，以及部落與部落之間的戰鬥也是時有所聞。以光復鄉來說，阿美族的組成主要分成西邊的「馬太鞍」、與東邊的「太巴塱」這兩個部落，兩部落隔著光復溪與馬佛溪相望，兩條溪中間有座沙洲，聽爺爺說過去曾是兩個部落的戰場，直到日本人來之後，兩個部落才和解。

而在西邊馬太鞍部落中央有條主要幹道，就散居著不少漢人的聚落，至今該幹道也是南北往來的主要交通要道。

「當初我們祖先的弟弟，就是在清朝時期從福建來到花蓮玉里當屯兵，然後等日本人來統治後，他就轉當商人，因為會講阿美話，就順邊幫日本人當口譯。」奶奶在一旁補充道。

位於花蓮和台東之間的玉里這城鎮，過去舊名「璞石閣」，是個盛產玉石的地方。等到日本人來統治後，將其改為和風的「玉里」之名。聽父親說，清朝時玉里就有很多漢人聚集，在此和阿美族原住民貿易，玉里也是漢人與高山族廣義的「蕃界」，再往北到花蓮之間就是當年清帝國無法控制的「生蕃區」。

不過，在清朝時期的生蕃區雖然是無法管制的地帶，卻還是有不少漢人奮勇前往貿易，前述所提及我祖先的弟弟，就是當時前往生蕃區貿易的漢人之一。貿易的地區大概是沿著現在花蓮的台九線而行，貿易的項目多半是鹽、油，和原住民交換雞、甘藷等物品。

只是，當年的部分高山族仍然個性相當凶猛，如果在路上碰到，被認定是非部落的人，有可能還是會遭到襲擊、甚至喪失性命。馬太鞍部落除了東邊有太巴塱部落外，西北邊山上也有性格剽悍的太魯閣族，時不時會下山尋找獵物。

爺爺這時突然開口說：「你的曾祖父還記得他小時候當大人們在晚上出門時，還要提著燈籠，三三五成群結伴才行。如果碰到太魯閣族，要趕快大喊『漢人』才行，否則可能會沒命。」

聽到爺爺生動地描述，才深深知道自己家庭的家鄉過去的歷史，包括日本人、漢人與阿美族原住民等族群，在歷史的因緣中相互認識、相互尊重下，過了一百年後才有這樣和諧共處的風景。

太巴塱國小

就在跟太巴塱國小的人員約好見面後。十月某日，我依約開著車，悠悠地跨過光復鄉連結馬太鞍和太巴塱部落的太巴塱橋，下橋後不過幾百公尺，就可以看見太巴塱國小的校門。

「還真是離河岸很近呢。」我心中默默想著，並把車停在校門外，跟門口守衛打了聲招呼後，便進去學校內。

怎奈，出來迎接的校方人員非常坦誠地告訴我，校園的歷史收藏已經沒有關於日本統治時代的東西。校史室內陳列的獎盃與獎狀等，都是二次大戰後國民黨政府來台時期的物品。學校建築也已經改成相當方正的水泥建築，校內也完全看不出一絲任何有關日本統治時代的東西，如果真要說要有，也只剩下日本時代種植的老松樹還屹立在校園內。

「因為畢竟是日本統治時代的東西，很多在二戰後，都因為歷史因素等被銷毀了。」校方人員誠實地說。

在台灣結束日本統治的一九四五年，當時的國民黨政府代表盟軍接收台灣，並派遣行政長官陳儀來台統治。結果因為當時國民政府的腐敗橫行、濫用職權，以及許多犯罪與瘟疫等，讓台灣人民不過一、兩年就對國民政府相當失望。最後在一九四七年二月底，因為查緝私菸而爆發衝突，引爆全台灣大規模抗議、進而演變成暴亂。國民黨政府當時也派遣大批軍人來台鎮壓、許多台灣各界的菁英遭到不明逮捕、審判甚至枉死監獄，史稱「二二八事件」，在過去台灣電影《悲情城市》、《天馬茶房》等中皆有所描述。

花蓮地區當時也是如此，不少花蓮當地的菁英遭到逮捕後送審、甚至判死刑槍決，當時不少接受日本教育的台灣人，為求自保，紛紛將日本統治時代的文書銷毀；直到一九八七年解嚴後，台灣政府才能公正地檢視當年日本的統治政策。

原本想說藉著造訪學校，至少可以看看當年日本統治時代留下的文件，但看起來我是太天真了，跟校方人員聊了一陣，簡單致謝之後我便告辭，離開學校。

第一次的造訪落得無疾而終，在駕車回去的路上，我忍不住停留在橋上一會兒。從橋上俯瞰下去，河床上盡是一片灰白色，平時在炎熱的天氣下幾乎沒有水流，這是台灣典型的「荒溪型」型態，但只要稍微下起大雨，河床溪水便會暴漲，颱風天時橋下更是會氾濫成災，小時候有好幾次回鄉下遇到颱風時，總是會遇見不少橋一度要被淹沒的景況。

遙想下方的河床曾經是馬太鞍與太巴塱兩個部落激烈的主戰場，現在卻用一條橋互通，兩方人們互相往來。歷史的變化氣象萬千，但在這時迎著橋上和煦的暖風，卻瞬時讓人感到格外平靜。

第二部 能高

要談論岡村俊昭，
就要先了解花蓮棒球歷史與能高團的表現……

照片提供：岡村家族

傳說的「能高團」

首次前往太巴塱國小卻無功而返後，我便沒將這件事放在心上，回到一般記者生活。由於一直好奇岡村的身世，我想起社長曾提及關西大學的永井良和教授，便試著聯絡永井教授，看看能否透過他介紹岡村的家人。

起初上網查資料時，發現永井教授穿著和服正襟危坐的姿態，讓人感覺有點嚴肅，一聯絡下，發現永井教授相當樂意幫忙，還寄了他寫的有關南海鷹的書給我參考，補足不少相關知識外，同時讓我感受到關西人的熱情。

但隨後進入二〇一七年，我又陷入一陣媒體工作的繁忙，從首爾的ＷＢＣ經典賽、韓國總統朴槿惠的彈劾與文在寅的當選、接著是香港的特首選舉。雖然歷經不少政治現場，卻開始忘記有關追尋岡村俊昭的事。一晃眼過去，已經接近快年底的十一月了。

在討論是否能拜訪岡村的家族之前，我希望透過本章來簡述一下日本統治時代花蓮港地區的棒球發展，特別是當地日本人與漢族、原住民族等互動，也會提及影響花蓮與台東地區棒球運動相當深遠的「能高團」。

這篇雖然不會提及岡村俊昭，但是對之後岡村本人的棒球經歷來說，花蓮地區的棒球發展與能高團的存在，是不可或缺的部分。

上篇提及日本總督府在平定花蓮相當勇猛的太魯閣族後，花蓮地區從一九一〇年代中期就開始進入大量拓荒時期，當地最高政治機構花蓮港廳，在如何輔導高山族「生蕃」接受現代化教育，改變過往逞兇鬥狠的民族性，從叢林、漁獵的茅草屋的生活轉為現代型的居家等花了相當大功夫。其中也包括矯正一些高山族會獵人頭「出草」的習俗。

事實上，直到一九二一年的統計中，被高山族原住民「出草」獵人頭而死的日本警察和平民仍統計達五十三人，被害者幾乎都是無頭屍體。加上進入大正時代以後，日本年輕一輩多半已西化，認為自身是「文明世界」一分子，對於台灣高山族的既有成見仍很深，願意前來東部經商或是生活的日本人仍相當少。

事情在一九二〇年底出現一些變化，日本總督府在當年底宣布台灣實施「州制」，將台灣行政區劃分五州三廳，花蓮港最熱鬧的區域升格為花蓮港街，從此商業發展開始趨於穩定。當地的阿美族人也在日本二十五年的統治中，相對與日本人及漢人相處融洽，當時建造花蓮至台東的鐵路時，正是許多阿美族工人貢獻勞力的成果。

而就在這年底，「資深蕃通」江口良三郎來到花蓮港就任第五任廳長，年薪兩千七百日圓，至此讓當地出現新風貌。出生於一八六九年佐賀縣鍋島村岸川（今佐賀市內）的江口，一八九五年畢業後隨即被派往台灣，投身警察工作，隨後輪調新竹、宜蘭、總督府蕃務本署及警察本署的理蕃課等。江口過去也曾參與太魯閣戰爭，在就任廳長前，江口已經是課長職位，理蕃經驗豐富。臉型瘦長留小鬍子的他，講起話起來相當有明治時代初期的古風。

花蓮港要建大港

江口剛上任時，便對花蓮港興建正式港口一事相當關注。雖然名曰花蓮港，但實際上當時花蓮港船隻的停泊仍相當克難。

根據花蓮港「灣生」作家山口政治寫的《東台灣開發史》中，雖然當時已經有來往北部基隆的船班，但是母船無法直接上岸，都要在近海靠著舢舨，但是從母船移動到舢舨時相當危險，每次只能兩、三人跳過去，如果海象不佳、運氣不好時，常會發生落海意外。

搭上舢舨後再划一段距離等靠近礁石沿岸，會有阿美族的苦力從遠方拋繩子，操作舢舨的阿美族人將繩子綁在船頭後，一群光著上半身的阿美族人在從岸邊「吼、嘿、囉」等如拔河一般拉舢舨上岸。當時不少阿美族工人就天天聚在海邊等這種零工。

該書中也提及，花蓮港夏天有颱風、冬天吹東北季風時海象都很差，有時報章雜誌三天才來一次，從日本本土寄來的信一個月才會寄到。山口仍記得小時候，看到花蓮外海吐著黑煙的船隻進港時，媽媽曾興奮地叫著：「蘿蔔乾到貨了！梅干到貨了！可以吃鹽漬鮭魚了！」

為了有條安全回家的路，花蓮居民不分種族時常請願要建港、蓋連結蘇澳與花蓮的山路等，也讓「安全回家的路」成為當地政治議題，這點江口良三郎在上任之初也切實感受到。然而，建港需要經費，作為大日本帝國最難開發地之一的花蓮港，人口和商業規模都還不到位，因此東京的中央也無意願這麼快就建港。

就在這時，江口靈機一動，與其一直巴望中央能夠給予花蓮港建港口的費用，不如先起身來主動宣傳「花蓮港」這個地方。左思右想之後，江口認為組織一支棒球隊，去當時棒球運動相當熱情的台灣北中南部推廣，不失為是個好方法。雖然江口只是一介武夫，也不熟規則，但在台北任職期間還是看過棒球比賽，或多或少對棒球留下印象。

根據湯川充雄在一九三二年所著《臺灣野球史》一書中，提及棒球約於一九一七年（大正六年）左右傳入花蓮及台東地區。雖然時間相對較晚，但當初發展脈絡跟台灣各地一樣，都只是日本人工作後的閒暇娛樂，花蓮當地隨後陸續組成球隊，包括修建鐵路的鐵團、代表商業界的商工團及政治機關的綠團等。其中由鹽水港製糖所組成的鹽糖團、花蓮土木建設朝日組的朝日團、台東土木建設的櫻組的櫻團最受到注目。

其中鹽水港製糖的鹽糖團，也是當時推廣棒球運動的重要球隊。鹽糖公司於一九〇六年創立於台南鹽水港街，在進入大正時代後陸續收購台灣東部的製糖公司後，開始往東拓展。鹽水港製糖的棒球隊在日本統治台灣的初期可說是相當強勁的隊伍，不只如此，其他包括台灣製糖、明治製糖等球隊的實力皆相當強勁。這些公司的職員多半是所謂「東京六大學」體系或是關西當地大學的高材生，擁有打棒球經驗。

支持鹽水港製糖球隊當時的重要人物，便是來自宮城縣富谷市的内ヶ崎良平。内ヶ崎在一九一一年從早稻田大學商學部畢業後，隨即渡海來台進入鹽水港製糖工作，期間也參與球隊草創期的成立。内ヶ崎做事相當受到當時的社長槙哲的肯定，一路從營業部、經理部再到新營製糖所的總經理等職。加上早大畢業的他相當喜歡棒球，透過人脈挖角當時早大棒球隊王牌川島民藏、飯田五郎作等優秀球員進入公司打球。

隨著鹽糖在大正初年往東拓展，不少優秀又會打棒球的職員開始往東移居。鹽糖先是在花蓮港南邊的壽村建立工廠後，一九二一年又在馬太鞍設立工廠，兩個地方都設有球隊與球場，成為當地棒球運動相當大的推手。

馬太鞍工廠後來改名大和工廠，二戰後改名光復糖廠，也正是我的家鄉屹立不搖的精神指標，直到我中學時，每次回家鄉都會看到糖廠的煙囪悠悠地吐著黑煙，像是一位等待客人已久的老先生。

仕紳們接力幫忙

在打定用棒球宣傳花蓮港的主意後，江口便以廳長身分，在一九二一年讓當地的日本社會人球隊遴選菁英組成「全花蓮港團」，搭船先遠赴台北打了四場比賽，取得三勝一敗的戰績。而這支俗稱「全花軍」的遠征團，就有不少鹽糖、朝日組的球員，球隊背後也有兩位要角支持，分別是團長梅野清太和隊經理中村五九介。

梅野清太一八七七年出生於長崎縣對馬島嚴原（今對馬市），於一九〇五年來到台灣。起初來台時，梅野是位入伍服役的重砲兵隊副官，在台灣以陸軍中尉身分卸甲歸田後，就進入當地的賀田組工作。身高修長的梅野清太，雙眼銳利、心思細膩，而且做事明快果決有行動力，常常以軍隊式的號令來要求職員及阿美族的工人們辦事，雖然一板一眼，但深受當時的賀田組總經理、臉圓圓滾滾相當親切的原脩次郎信任。等到原脩次郎回到東京參政後，梅野順理成章接手總經理位置，並經營賀田組旗下的花蓮朝日組與台東櫻組土木事業。

隨著在地方愈來愈有名氣，梅野也擔任花蓮港電氣公司與木材公司的人事副總裁等，最後在一九二〇年十二月花蓮港市區升格花蓮港街時，他也被推舉為街長，成為當地實業界與政治界都極有分量的人物。梅野還在一九一六年一手創立《東臺灣新報》，成為首份在地報紙。梅野為人相當熱誠，常為了當地事務，每年花一千多日圓私下掏腰包贊助各項賽事，從棒球、網球到高爾夫等都有。

而中村五九介則是一八七七年五月九日出生於山口縣阿武郡椿村（今荻市），一八九三年從學校畢業進入土木企業「大倉組」工作後，一八九七年六月時被派往台灣的分公司工作。一九〇二年時中村來到台東，進入賀田組任職台東拓殖部會計長，一九〇七年後移居花蓮港，開設中村商店等販賣日常雜貨。中村同樣相當熱心地方事務，陸續擔任花蓮港的防疫組合長與民會長等，可說是當地商業最大要角，同時也相當支持棒球運動。

首次出征宣傳花蓮，全花蓮港團的成績並不俗。然而之後，一支全都由阿美族人組成的棒球隊「能高團」逐漸抓住當地視線。

發掘能高團的林桂興

若要梳理能高團成立的脈絡，其實最詳盡的資料一定是梅野清太創立的《東臺灣新報》，但由於二戰後各項歷史因素，目前相關新聞資料皆已不在。所幸透過當年台灣的主要報紙《臺灣日日新報》以及日本各大報紙交叉比對下，也可以適度還原能高團在台灣與日本的行跡。在還原當年對話的同時，有些部分我只能根據當時的資料，做有限度的回溯。

傳聞中成立這支能高團的關鍵人物，便是來自台灣台東的漢人林桂興。一八九九年出生於台東的林桂興，小時候就讀台東公學校、畢業後便負笈前往台北總督府國語學校師範部就讀，該校的棒球隊也是台灣歷史上第二支球隊，推測林桂興應該從那時起便開始接觸棒球運動。

在日本統治時代早期就可以前往台北的學校唸書，可以想見林桂興的家世應該不錯。加上該學校是培養教授日語人才，林桂興當初的志願應該是當日語老師。不過根據歷史記述，林桂興後來沒有唸完書，而是肄業後回到台東老家，加入梅野清太經營的櫻組工作，後來又內轉到花蓮港的朝日組服務，其間林桂興也加入公司棒球隊，戴著圓形眼鏡、老實憨厚的他，還曾擔任一段期間的隊長，以當時的台灣人來說，是相當罕見的成就。

隨著當地日本人開始打棒球，這項娛樂很快滲透到當地阿美族人的生活中，然而當時球具昂貴，阿美族人幾乎買不起。這些阿美族人在各地打零工，閒暇之餘就在旁邊模仿日本人的棒球運動，他們拿著劈砍過的樹枝當球棒，跟隨處可見、沖刷過後的圓形石頭當球來做打擊練習。

傳聞中的一九二一年某日的花蓮港當地，這些阿美族人練習的模樣正好就被林桂興撞見，林桂興心想這些原住民「意外地很會打」，不斷觀摩後他試圖跟這群青少年攀談。

小時候在台東出生長大的林桂興，加上當時他的工作已經是朝日組的「勞力頭」，負責徵聘原住民的勞動工作，想必是懂阿美話，加上日文等語言交雜下，兩邊就這樣攀談起來。林桂興表明自己在朝日組打球，也有帶隊經驗等，或許讓這些阿美族少年略為訝異。

林桂興試試讓他們投球後，意外發現有個男子投球異常快速，問起他的名子，該男回：「舞鶴社的查屋馬。」

出生於花東縱谷秀姑巒溪下游阿美族舞鶴社的查屋馬，當時正北上就讀於花蓮港公學校，林桂興對他的剛猛投球甚是滿意。不過查屋馬球速快，許多阿美族少年要不接不好、要不就大喊手痛，唯一接球游刃有餘的，則是也在就讀公學校，來自溪口社的高大青少年辜茂得。

「他們真的很有資質。」林桂興一邊心想、一邊看他們傳接球。查屋馬身高不高，僅五呎三吋（約一百六十一公分），皮膚黝黑卻明眸皓齒。雖然身材嬌小，但是球速剛猛、敢於對決打者，是個投手素材。相比起來辜茂得目測超過一百八十公分，在當時可說是彪形大漢。性格純樸的他講話也憨厚，但接球技術紮實，十足是個蹲捕的人才。一矮一高，林桂興心想搞不好他們是個完美的投捕搭檔。

「大家有沒有興趣組一支球隊？或許我可以幫忙。」林桂興或許是在場大膽地提出建議，可想像許多阿美族青少年當初有點嚇到，因為大家平時都有勞動或是唸書，可能抽不出時間練球。再者，組球隊對他們生活來說好像沒有實質幫助。

為了讓這些阿美族人對組隊練球有興趣，林桂興想必也先與他們約法三章：比如大家只要在固定時間練球，球具他會想辦法商借來解決等；也許為了維持他們的向心力，他也願意出一點練習或是伙食費用讓他們自願來練習。

但無論結果為何，約從一九二一年中左右，這支棒球隊就開始斷斷續續練球，但起初光是打造隊形就是困難重重。當時還是習慣日出而作日落而息的原住民，大部分買不起鐘錶，光是要守時集合練球就相當困難。再者，這些北上花蓮求學的原住民除了部分白天在公學校唸書外，大多數時間都是在港口、鐵路附近找單日僱用的打零工來做，如果真的有時間來練球，多半也是精神不濟。林桂興在碰到困難之餘也細心帶領，讓這支球隊慢慢開始走向整齊劃一。

逐漸展露才能

在經過約一年練習後，球隊樣子慢慢成形，剛開始來來去去的陣容也逐漸固定下來。林桂興也將其簡稱作「高砂隊」，並讓這支球隊開始與當地的日本人球隊打練習賽。高砂隊陣中王牌投手查屋馬，一九二二年從公學校畢業後、隨即回家鄉舞鶴社附近的玉里車站工作，並加入鐵團棒球隊，持續精進球技。

當時指導查屋馬球技的前輩矢野義雄，畢業自慶應普通部（現慶應高校）。創立於一八九八年的慶應普通部棒球隊，是拿下一九一六年第二屆日本中等學校優勝棒球大會（現俗稱夏季甲子園）冠軍，並從該年起連六屆進軍決賽圈，更是在二〇二三年勇奪夏季甲子園冠軍，可說是老牌勁旅。加上查屋馬天分佳、模仿能力也好，逐漸成為鐵團的優秀投手，必要時還會回去高砂隊客串打球。

與此同時，高砂隊在花蓮當地比賽也漸漸練出經驗，偶爾還會跟日本人球隊打得不相上下，讓林桂興感到相當振奮。

林桂興也跟當時公司朝日組的長官梅野清太做了報告。高砂隊成長迅速讓梅野感到好奇，本來就喜歡運動的他，來到花崗山球場看高砂隊打球。下班後穿著和服，雙手抱胸大字站立看球的梅野，對於下屬林桂興培養的球隊相當有興趣。林桂興認為如果要讓球隊更有組織化，需要有固定經費來製作球衣和買球具之類，梅野便提議找中村五九介來商量，中村也對此大為支持。

隨後這支高砂棒球隊開始有了贊助和球衣，眾人也想著要聘請正式的教練來帶隊。不過起初花蓮港當地並沒有完善的棒球教育體系，因此能高團棒球教練都是由港廳的職員兼任。一輪換下來後，最後由出身福島縣的門馬經祐來擔任教練，門馬約於一九一四年左右來台，早期是北部鐵團的棒球主力，一九一七年來到花蓮港當地後，持續活躍在當地棒球隊中。

此時，剛來花蓮港當地不久的西本願寺花蓮港別院住持武田善俊，也注意到這批原住民球員。武田本身畢業於京都的平安中學，過去學校時還曾兼任棒球隊的指導者，棒球底子相當好，加上當時寺院距離花崗山球場也近，相信他也看了不少能高團練習和比賽。

最終，該批素質極佳的原住民球員的表現，被報告到廳長江口良三郎耳中，江口親自前往看練習時，對這些阿美族人僅在短短時間內就有這樣的表現感到相當驚訝。在知道他們的處境後，江口等人也開始思考如何讓他們接受進一步的教育、並可以有制度化的練球。

正好一九二二年，台灣總督田健治郎頒布修正後的教育令，公學校畢業的學生可以進入兩年的專門教育訓練，花蓮港廳決定於隔年正式成立「花蓮港農業補習學校」來教授當地原住民農業知識技能，並委派來自熊本縣的坂本茂當校長。坂本從一九一二年即來花蓮港當地公學校任教，可以說是懂阿美語的「蕃通」。江口等人便策畫，先安排大部分十多歲的高砂隊成員到學校內唸書。

補習學校從早上八點上課到下午四點，授課內容除了基本的國語、數學、理化、歷史、地理外，還有「修身」科目教導倫理、道德，一年級要唸「作物」熟悉各農作物、「土壤」熟悉土質外，還有肥料、畜產等；二年級則是要唸園藝、法制經濟、病蟲害、林業及養蠶等，可說是相當忙碌的學生生活。

除了唸書外，校內也成立了棒球隊、柔道、相撲等社團供學生參加。

而在同年，花蓮港體育協會也正式成立，由江口擔任會長、梅野擔任副會長，並召集中村等日本本土人士擔任會員，大家有錢出錢、有力出力，尤其大家將棒球作為「獎勵對象」，開始讓當地棒球推展的基礎更加穩固。

奇萊山下的王牌

又再經過約一年左右的一九二三年，此時農校的阿美族球員已經變得相當懂得日式禮儀，往常容易焦躁、半途放棄的弱點已不復存。這年的六月二十三日，在鐵團打球的查屋馬於花岡山球場先發對戰綠團，他在投了兩百一十二球、鏖戰十六局後，最後帶領鐵團以十比九贏球，投出生涯代表作。該場比賽綠團頻頻換投手，但是鐵團卻始終只有查屋馬一人投球，他如入無人之境般投到日落前，最後十六局下鐵團攻占二、三壘，綠團投手試圖牽制二壘時，三壘跑者趁機盜本壘成功，才結束這場長達四小時的持久戰。

該場比賽《臺灣日日新報》寫到：

> 直到奇萊山山腰雲霧低下飄散，暮色將至之際，唯有查屋馬一人定睛看了遠方一眼、吞嚥口水後，手臂持續揮汗，著實出色。

在車站上班，二十歲的查屋馬此時已經結婚育有一子，儼然成為花蓮港當時最強王牌投手。投完比賽後仍面不改色，受到在場上千位觀眾的熱烈歡迎。至此，阿美族原住民選手在當地愈受歡迎，當地日本人與漢人對他們的印象也漸漸改觀，高砂棒球隊的比賽與練習也總是擠滿人群。阿美族球員平常在白天上課時，會被熱情的日本移民以「學生仔！學生仔！」打招呼，跟過往態度截然不同。

「這無疑是個宣傳花蓮港的好素材。」查屋馬的活躍與高砂棒球隊受到關注，開始讓江口深具信心。

在與擔任花蓮港街長的梅野與已是當地商界大老的中村等一干人討論過後，決定正式給這隻棒球隊起名字，並讓他們參與花蓮港當地的比賽。

江口思考過後，將其命名為「能高團」，名字源自花蓮港附近標高三二六二公尺的能高山，江口過去在太魯閣戰役時，也曾率領小隊勘查該山，對他本人或是花蓮港來說，這個地名都即具有象徵意義。一九二三年九月，能高團正式成軍，也正式獲得球衣、球具等贊助。

成軍後，這批以農業補校學生為主的能高團就開始正式參與當地比賽，當中如查屋馬等兩、三位則是以借將身分參與。

能高團正式成立後，開始藉由與當地球隊比賽不斷累積實力。時序進入一九二四年，在邁入四月一日新年度的這天，能高團在花岡山球場迎來成軍以來最強的球隊——大每野球團。

大每野球團成立於一九二〇年，原先是《大阪每日新聞》的公司球隊，集結了關西各地的棒球菁英，首年就在當地社會人球界奪下二十勝四敗的成績。

在當年尚未有職業棒球的年代，大每野球團就如同「準職業」般，匯聚如小野三千麿、鈴木關太郎、岡田源三郎等社會球界一流球員，球隊遠征日本各地，一九二三年更前往上海，最終在一九二六年前往美國，迎戰大聯盟的多支球隊，可以說是日本職棒成立以前相當具有遠見的球團。

而在一九二四年的三月底，大每野球團也第二度來到台灣遠征，在全台灣拿下十場比賽十勝的橫掃佳績。其中對上能高團的比賽，大每野球團也無意外地以二十二比四拿下大勝。

原先大每野球團沒有跟能高團對戰的計畫，但由於江口等花蓮港廳官員要求「請務必指導他們」，後來大每野球團才欣然允諾。由於實力懸殊，大每野球團幾乎是一邊指導他們一邊與他們對戰，因此對戰氣氛相對較友善，能高團的球員也相當有精神回話並且接受自己的不足。比賽結束後還紛紛前來請這些大每野球團的球員指導、調整動作，給了他們很深的印象。

當時的隊長日下輝就表示：「雖然球技還不到完美，但在這四、五個月以來，從一開始就練那麼勤奮，到現在投球相當準確，跑壘相當果決又快速，體力就運動員來說也有不輸人的體格，從揮棒的速度來看，光是腕力的優越性這點就十分受到認可了。」

日下當時也提及，在聽到原住民球員會用投擲小石頭來驅趕準備捕魚的鳥，而且打得相當準確，感到相當驚訝。但也認為隊伍還在「技術本位」的指導期，團隊作戰這點稍微弱，而且因為性格柔順，雖然對於指揮官的指示會全力達成，但是對自己個體在場上的判斷力仍是不足。

能高團在被大每野球團肯定之餘，自己則是不斷精進實力。終於在這一年的九月底，花蓮港廳決定派遣「全花軍」和「能高團」兩支球隊來一場全台灣巡迴比賽，宣傳花蓮港之餘，也希望能替花蓮建港一事爭取更多曝光機會。能高團先是來到台北打三場比賽後，接著南下台中、台南、高雄與屏東後，最後再北上回新竹、基隆比賽，取得五勝五敗的成績，投手查屋馬的投球風采再度讓全台棒球迷瘋狂。

結果能高團所到之處，他們的彬彬有禮，相當具有日式教養的風範，同樣讓全台各地的人大為驚艷。不只比賽結束後，許多人紛紛到車站送行，在台南比賽時，許多日本人紛紛要求跟能高團員握手，現場來送行的台南市尹荒卷鐵之助，看到列車出發後，不禁老淚縱橫。僅在成軍之後短短一年，這批阿美族球員就已經擄獲全台灣日本人與漢族的心，漸漸讓他們改變對原住民的形象。

能高團在用品德和球技獲得台灣大多數居民的支持後，緊接著花蓮港廳將目光放到日本本土，對日本本土官商界進行一連串聯絡，希望能推銷能高團到日本本土比賽。

不過江口雖然自謙不懂棒球，但在能高團巡迴台灣一輪後，也大概能點出能高團的主要弱點——團隊作戰。江口認為原住民思考太過單純且直線性，只要比賽一失誤或混亂就會讓陣容都亂掉。此外，在大場面數萬人下的球場打球，就會變得相對放不開，有怯場的毛病。至此以後，每當有能高團的練習或是比賽，江口一定親自前往，並且給予精神訓話，這支球隊在他心目中，儼然已經成為花蓮的圖騰與象徵。

最終日本本土於一九二五年六月時答應能高團來訪、並著手安排相關巡迴賽事。讓能高團前往日本本土，不外乎兩個主要原因：一來是可以導正日本本土居民對於「生蕃」長年以來的既定印象外，二來也可以讓這些原住民見見世面。

一行人遴選之後，決定前往日本本土的能高團成員如下：隊長辜茂得（二十一歲，溪口社）、歐新（二十二歲，溪口社）、桑鐵亞歐（二十二歲，下勝灣社）、阿仙（十七歲，下勝灣社）、阿仙哈里揚（十七歲，下勝灣社）、阿拉比茲（十八歲，下勝灣社）、紀薩（十八歲，安通社）、羅沙威（十八歲，馬太鞍社）、羅道厚（十七歲，馬太鞍社）、它刺衣（十七歲，太巴塱社）、托依魯（十七歲，太巴塱社）、薩拉烏（十八歲，太巴塱社）、布諾（十八歲，拔子社）、薩拉烏（二十歲，砂丁武社）、卡薩烏（二十一歲，北埔社）。

可以看到，我家鄉光復鄉的「馬太鞍社」與「太巴塱社」當時已有阿美族原住民前往東京，其他的青年也都是來自花蓮港各蕃社的青年才俊。其中十八歲的紀薩，來自玉里安通社部落，性格果斷明快、臂力強勁，當時多以三壘手出賽，已經是隊上的明日之星，來自馬太鞍社的羅道厚則是隊上的明星游擊手，腳程飛快。

左外野手阿仙則是來自下勝灣社（現玉里樂合），反應敏捷。搭配辜茂得與歐新的投捕搭檔，可說是匯聚一時菁英。

能高團前往日本本土，在花蓮港當地可是大事，畢竟很多移民來台的日本人一生連東京也沒去過。花蓮港各界集資募款，終於達成目標，在一九二五年六月底時，許多鄉親情不自禁地湧到花蓮港口去歡送他們。

為求慎重，廳長江口親自帶領他們前往台北。從花蓮港出發過了數天後抵達台北，江口先是帶著能高團前往總督府拜會警務局長坂本森一，坂本看著這些能高青少年們嘉勉道：「前往氣候風土都截然不同的內地，首要之務是小心身體。在各位達成目標而努力的同時，也希望充分利用機會觀光學習，未來回台後，蕃社的努力開發還有勞諸位。」能高團全員則是恭敬回禮。

總督府距離台北車站約有一公里的距離，坂本森一決定陪同能高團到台北車站送行。日本本地的團員除了校長坂本茂與教練門馬經祐外，總督府也委派警部桂長平隨行。江口良三郎等人一路帶領能高團到了台北車站前，不少在總督府理蕃課任職的官員們，也紛紛來到台北車站相送，一行人跟能高團團員們互相道別後，團員們陸續登上火車。

下午一點五十分，汽笛準時響起，列車準備從台北駛往北邊的基隆港，江口良三郎直盯著出發的列車，突然雙手高手，高呼：「萬歲！」許多官員聽到後，也跟著高舉雙手大喊：「萬歲！」車上探出頭來的能高團學生們，也脫帽高舉並高呼：「萬歲！」列車逐漸駛遠，濃密的白煙下身影愈來愈小，只留下在月台送行的江口一行人，盯著火車直到不見。

台灣的理蕃事業能否受到中央肯定，這些遠赴台灣工作的日本人，自然也將希望放在這批前往東京的學生身上。

到日本本土「要快一小時」

七月三日傍晚，能高團搭乘的商船「笠戶丸」在汽笛聲中慢慢從基隆港出發，或許是因為太興奮的緣故，許多能高團小將在商船上都不能好好睡覺，索性起來暖身或是傳接球。船在航行三天後，六日清晨已經漸漸進入長崎縣外的五島列島，能高團員興奮地拿出地理和歷史課本看地圖，想要活用在課堂上學習的知識。

此時一旁有人突然問到：「現在幾點啦？」

隨團的攝影師片山彌三吉掏出懷錶看一看時間後說：「已經五點十分囉！」

但一旁的紀薩調皮地吐槽說：「片山先生，您這還是台灣時間吧！」一行人笑笑後開始將懷錶調快一小時。

台灣在一八九六年至一九三七年間，都跟沖繩縣一樣使用「西部標準時」，慢日本本土一小時，直到二戰開打後日本為了強化民族意識，才調整與日本本土同步時區。

「笠戶丸」於六日白天抵達九州的門司港，該港也是九州北部相當重要的航運樞紐。稍作停留後，同船再慢慢行駛一天於七日到神戶。這裡有個小插曲，因為船的入港時間太慢，導致能高團下船後，原先要搭的火車已經走了，一行人後來改搭阪神電車直接往大阪、奈良方向而去，先是前往三重縣的宇治山田市參拜伊勢神宮，稍作停留後，八日晚間再從伊勢搭上三等列車直往東京。

九日上午七點五十分，能高團一行人現身東京車站紅磚大樓前，這座一九一四年建立，號稱日本「玄關」的建築，第一次出現原住民團體身影。能高團球員頭戴兩白線學生帽，一襲灰色學生服裝，不少人手插口袋，提著書包昂首闊步地出現在東京車站前，好不威風。坂本茂則是頭戴圓帽，身穿黑色西裝外套與卡其褲，雙手揹在身後帶頭領隊。

鹽水港製糖的社長槙哲在車站前張開雙手歡迎他們，現場早已有不少東京記者等待，又是拍照又是訪問，團員們也在東京站前合影留念。

面對原住民這樣大批陣仗進京，日本記者甚是好奇，幾乎所有東京媒體都派出記者來採訪，東京夏日早晨微有涼意，不少隊員在夜車上睡了一覺，仍是半夢半醒，開玩笑地跟記者稱：「好冷、好冷唷。」

隊長辜茂得靦腆地笑說：「我們在台灣雖然偶爾會去比賽，但整體技術上還是很幼稚的。」

坂本茂則是一臉正經地跟記者說明花蓮農業補校的規模和人數，並表示：「希望讓大家看看他們的文化水平是進步到何種程度。」

一行人抵達東京後，先是搭車前往神田三崎町（今水道橋）的森田館旅館投宿，館方準備了生雞蛋、海苔、醬油等給他們配飯吃，一行人吃得津津有味後，就準備出發前往位於內幸町的台灣總督府東京出張所集合。

總督府的外派人員老早在等待他們，並且安排五輛轎車接送他們。雙方一陣噓寒問暖後，一行人搭乘上轎車前往《朝日新聞》、《東京日日新聞》及《國民新聞》等總社訪問，大家又是一陣在門口握手、微笑拍照。最後再前往拜會當時的東京府知事宇佐美勝夫，知事高興地說：「如果有需要什麼幫忙的儘管說，當然出門在外更要小心身體，祝你們健康返回台灣。」能高團的首日進京，參訪行程滿檔。

隨後下午，總督府東京出張所安排能高團去東宮（皇太子）御所及明治神宮參訪。不過正如宇佐美知事所言，健康真的很重要，能高團此時發生了一個小插曲，那就是辜茂得生病了。

辜茂得在進入東京後，出現類似畏寒等症狀，精神十分不濟。剛開始東京當地報紙還誤以為是「瘧疾」加以廣傳，隨後遭到坂本茂駁斥是「錯誤報導」，並稱辜茂得只是小風寒罷了。坂本和媒體說：「辜茂得的病沒有什麼大問題。昨天早上的關西地區相當炎熱，我們在上京途中的夜車又突然變得很涼，大家只能倚靠著座位上睡覺，我想可能是這樣受寒了。」

當時的木造三等客車，想必睡起來相當不舒服，讓能高團在移動時無法安睡。加上當年七月的東京雖然正值夏季，但一到晚上就會低到二十度左右，想必讓團員在移動時相當辛苦。不過除了辜茂得因為風寒外，其他人狀況都還不錯，因此其他一行人持續參觀行程。

能高團結束明治神宮參觀後，約於四點左右便前往代代木的練兵場與青山師範附近空地，隨即練一小時多的球，準備隔日對戰豐島師範。

由於能高團是初來乍到，因此東京當地的報紙本來對他們的棒球實力沒有特別期待。《讀賣新聞》就稱能高團「觀光是主要目的，比賽則是依照需求來打……雖然沒有抱持很多希望，但是蕃人也有蕃人的長處。他們一行人首次造訪內地，對於能在內地的棒球場內奔馳一事，自然能預想到是相當高興吧」。

能高團就在這麼不被看好的情況下迎接首場比賽，十日下午三點，在池袋的立教大學球場，能高團首次迎戰豐島師範。

想不到，能高團展現出原住民的棒球韌性，對豐島師範一陣狂轟猛打，四局還沒打完比數已經是二十八比零，豐島師範的打者根本連球棒都沒碰過幾遍就換局，逼得日本本土的主辦單位緊急叫停，出來宣布比賽沒收。

或許是因為輸得太難看，這場比賽後來沒有被列入正式紀錄，不少報紙則是寫出比賽「無限延期」。其實豐島師範本身並非真的弱隊，在東都中學棒球聯盟中也有一定聲望，然而能高團在台灣當地經過多支名校與社會人球隊千錘百鍊，早已可以輕鬆擊敗一般學生球隊。這場比賽也讓日本本土球隊嚐到被「踢館」的滋味，雖然當地媒體對能高團實力的報導相對很隱晦，但東京棒球圈已開始不敢對能高團大意。

能高團在打了首場不能被列為正式紀錄的比賽後，索性早早回家休息。十一日一早，能高團又是參訪行程，搭轎車前往霞關的貴族院、眾議院兩院後，再前往附近港區的芝公園、芝浦放送局、品川泉岳寺、大日本麥酒會社後，再搭車前往準備比賽。

中午過後，能高團一行人回到池袋的立教大學棒球場，準備迎戰早稻田中學。當地原先還在下著雨，但在下午三點前雨勢開始慢慢停，雙方在整理場地後，主審與壘審分別出來示意比賽，這場比賽由先發投手歐新搭配捕手辜茂得，準備迎戰強敵。

簡單談一下早稻田中學，創立於一九〇九年的早稻田中學棒球隊，在隔年隨即拿下東京府中學賽事棒球優勝，加上其母系的早稻田大學本來就是棒球名校，縱使整體實力略遜同樣是相關姊妹校的早稻田實業，但一直以來實力都算堅強。

比賽前，早稻田中學的隊長五十嵐與辜茂得微笑握手，身形高大的辜茂得，休息一天後精神不錯，身高整整高出五十嵐一個頭。該場比賽由早稻田先攻、能高後攻，因受雨勢影響，比賽在整理場地後於三點四十分左右正式開打。

比賽開始不久，能高團先取得優勢，二局下時桑鐵亞歐先敲出一發三壘安打、紀薩再擊出安打先取得一分。隨後三局下時能高趁著早稻田中學失誤先上壘、接著阿拉比茲敲出安打，歐新補上犧牲打後再取得一分，共二比零領先。

但是早稻田中學也並非省油的燈，四局上起展開反攻，先是靠著投手野崎等人的安打上壘後，隊長五十嵐隨即補上三壘安打等，單局共打回兩分，雙方二比二平手。來到七局上時，早稻田中學先靠著保送、再趁著能高團失誤亂流等再拿下兩分。能高團在七局下一度出現超級優勢，靠著接連安打無人出局攻占滿壘，但卻接連遭到早稻田中學解決三個人次，無功而返。隨後八局上早稻田中學再度取得一分。眼看早稻田中學就要五比二贏球時，能高團九局下發動絕地大反擊，加上對方再度失誤，硬是一舉打回三分，雙方進入延長賽。十局上時，早稻田中學又拿下寶貴的一分。

正當早稻田中學就要六比五立克能高團時，十局下能高團強棒紀薩再度登場，經過細心選球後，瞄準投手藤崎的球路大力一揮！

「鏘！」

清脆的敲擊聲將球帶出外野，強棒紀薩在此刻敲出一發關鍵的追平全壘打，韌性十足地再把比分追成六比六平手。紀薩繞壘時高舉右手，能高團隊員紛紛出來迎接，藤崎則是雙手扶著膝蓋，露出無奈的表情。

此時時間已經接近傍晚六點，夕陽開始西下，兩隊卻仍未能分出勝負，最後雙方只能在六點時裁定以和局坐收。

《朝日新聞》後來在當時報導中寫道：

台灣棒球團就算在不適應的土地上、又要適應氣候的變化，仍然能發揮十足的實力，特別是投手歐新的速球真的讓早中吃盡苦頭，台灣團的優秀守備和猛打真的是不同凡響。

當時數千民眾擠滿看台，對於能高團全場以阿美話溝通，感到相當好奇，同一國人卻有「異國風情」讓許多觀眾不斷叫好。

加上比賽數據方面，能高團全場十三安打表現，只吞下兩次三振、選到三個四壞球，要不是七局下無人出局滿壘未能得分，攻勢真的不錯。反而是早中全場是八支安打，還被歐新與羅道厚兩人聯手三振了十次。

賽後雙方列隊集合、相互握手後，早稻田中學也給予能高團的奮勇比賽鼓掌，隨後準備了茶果點心招待一行人，坂本茂和辜茂得也被推上去致詞，一行人到了七點半左右才依依不捨道別。

經過了一夜激戰後，能高團的名聲開始在東京地區傳開。原先在當地只有兩場交流賽，結果包括慶應中學普通部的棒球隊也來報名想跟能高團比賽。慶應普通部如先前所述，是間實力相當強的傳統強隊，能高團也興致昂然地接受挑戰。

怎奈天公不作美，十二日東京當地居然持續下雨，比賽在早上就決定取消，能高團只能變回觀光團，早上先去東京車站替參訪江田島的皇太子裕仁殿下送行後，一行人走訪東京帝國大學、上野公園、博物館與動物園，一路來到淺草參觀。不過當中有能高團小將開始忍不住發牢騷，直稱「好無趣喔」，加上下雨天氣也涼，一行人就此早早結束行程回到旅館，晚上參加鹽水港製糖所舉辦的歡迎晚宴。

能高團的觀光行程並未因此結束，十三日早上十點起一行人前往皇居附近拜觀，再前往九段下的靖國神社後、向西轉往新宿御苑遊覽，並去三越、松屋等百貨店參觀，再回到公家機關重心的霞關參觀貯金局後回宿舍休息。

到了十四日，能高團早上即搭火車前往橫濱參觀海事設施後，下午比賽將對上神奈川一中（現希望之丘高校），這間一八九七年就創立的老學校，也是當地最古老的升學名校，雖然出過不少政治界與商業界菁英，但是棒球隊並未有顯著戰績。

有趣的是，神奈川一中本來想說派二年級生來應戰，但在新聞看到能高團與早稻田中學殺得難分難解後，立刻動員放暑假的高年級生回來應戰。比賽在下午兩點五十分左右於新山下町的橫濱公園內球場開戰。神奈川一中在一、二局上各拿下一分，並於三局上追加兩分，進攻看似順利。能高團則是在此時突然發生狀況——捕手隊長辜茂得的右手在比賽時受了傷。

王牌捕手在場上受傷，使得能高團士氣出現一定打擊。隨後教練門馬經祐示意換人，由三壘手紀薩去頂替捕手位置，紀薩冷靜地穿上護具後，展開在日本本土的第一場蹲捕。在紀薩的細心配球下，先發投手歐新四局下後漸入佳境，展現好投持續封鎖神奈川一中的打擊，能高先是在三局下追回一分後，七下、八下兩局再各添兩分，最後能高團以五比四贏下神奈川一中，下午五點時比賽在能高的萬歲聲中正式結束。

「我與你們都是人類」

而在比賽結束後，能高團一行人又馬不停蹄地從橫濱搭火車回到東京，參加晚上七點於丸之內帝國鐵道協會舉辦的歡迎會。

這場歡迎會，其實也是能高團原住民的才藝表演，內容包括口琴、「蕃歌獨唱」及「雄辯會」演講等。會場擠滿了兩百多位日本人想來一睹原住民才藝，包括貴族院、眾議院與名流們，也有展示「蕃社的風景」等照片。在台灣新聞社的東京支局長德富迪致詞後，接下來的節目就是紀薩帶來的演講「與我共同的生活」，講述在台灣的日本人如何與原住民共處。

紀薩彷彿忘卻下午打球與蹲捕的辛苦，在講台上大聲演講，首先他先說了些笑話，說到自己上學時，當時原住民去學習日文可以領官方的每日零用錢，結果他有同學居然因為農忙時期無法上課，索性叫外婆來頂替上課並領錢的趣事，逗得台下哈哈大笑。

不過話鋒一轉，他也談及日本本土人士對原住民的「生蕃」野蠻印象，並說：「提到台灣的蕃人，許多人的印象就是會割人家的頭顱等，感到相當噁心等，但那都是過去的事了。其實我們與你們都一樣，流著一樣的血、流著一樣的淚，因為我們與你們一樣都是人類！」

紀薩講到這段時，眼神清澈、有條不紊，以原住民身分闡述許多日本人仍對台灣原住民既有印象的不公平，才十八歲年紀，對於傳達自己身分認同的理念卻相當堅定，台下的人紛紛點頭。理著小平頭的紀薩，在演講結束後恭敬地鞠躬致意下台，接受台下日本觀眾的鼓掌。

那時前台灣總督府的鐵道部長，後來被尊稱「台灣鐵道之父」的新元鹿之助就坐在台下聆聽。雖然他一九二四年已經退休回日本養老，仍是受邀參加，在台下的他當時就跟坂本茂與門馬經祐表示，「紀薩這孩子說話犀利，有石田三成的風範！」

隊長辜茂得因受傷，右手已經纏上繃帶，定睛坐在下方看著隊友們的才藝表演，其他隊員們也都在椅子上挺直腰桿坐著。緊接著布諾起立，向會場大眾鞠躬後上台，播放在台上準備好的留聲機與黑膠唱片，喇叭緩緩流出法國作曲家比才（Georges Bizet）的《卡門》（*Carmen*），布諾並拿起口琴開始跟著旋律吹奏。會安排這曲演奏，或許是要向日本本土人士展現原住民西化的樣貌，在鼓掌結束後，接著又是吹奏一首原住民的歌曲。

布諾的吹奏結束後，輪到羅沙威的「蕃歌獨唱」，羅沙威起立後同樣對著觀眾鞠躬再上台，清了清喉嚨，唱出阿美族民謠。會場中最後致詞的坂本茂校長，則是一如既往地演講日本人當年是如何「馴化生蕃」，以及給予他們的教育。約在晚上九點左右，全場起立高唱日本國歌後，在高呼「萬歲聲」中散會。

十五日早上八點十五分，能高團一行人正式離開東京。搭上前往名古屋的「三等急行」列車，並再度於車站受到熱烈歡迎，準備與當地名校愛知一中對戰。

只是，在對戰神奈川一中時受傷的隊長辜茂得，已經無法上場比賽，讓能高團戰力受到影響。十六日對上愛知一中時，能高團便以二比四吞下首敗。隨後一行人再搭車前往關西時，舟車勞頓已經讓能高團略為疲憊，雖然來到京都對戰京都商業時以十三比三大勝，但前往迎戰大阪的八尾中學時又以零比五被完封。隨後迎戰同是大阪的天王寺中學時，雖然以七比二獲勝，但之後能高團再度連敗給兵庫的神港商業與廣島的廣陵中學，對上神港商業時更是以三比二十五大敗，對廣陵則是二比三小輸。

能高團在東京以外的比賽，除了大阪幾乎鮮少有當地報紙提及，但能高團已經獲得許多棒球迷關注，對上愛知一中的比賽便湧進滿場兩萬名觀眾。其中值得一提的是，對戰八尾中學與天王寺中學的比賽是在甲子園球場舉辦，這也是台灣原住民球員首次踏上這座殿堂。當時球場甫剛完工一年左右，滿場的球迷勢必讓能高團相當興奮。

此外，平時相當文靜，但是一上台就邏輯清晰、能言善道的紀薩，也在旅行中扮演宣傳花蓮的作用，不論是走訪三重縣的宇治山田或是去古都京都時，晚上都有小型演講活動，紀薩持續宣傳的台灣原住民歷史與文化，希望改變當時許多人對原住民的偏見。紀薩風度翩翩、行為舉止有禮，得到各地日本人喜愛。前往廣島投宿時，紀薩的應對進退與說話禮儀也得到旅館女老闆大讚，認為紀薩將來「必成大器」。

一行人在廣島與廣陵中學比完賽後，便搭火車回到九州北部門司港搭上二十七日的「笠戶丸」，同樣經過三天後於三十日回台。在台北車站受到當地民眾以花圈等熱烈歡迎，一行人先去參拜台灣神社後，隨即投宿榮町（今衡陽路）的旅館松浪館。並於隔天三十一日上午十一點半從台北搭乘火車到蘇澳後，再轉搭船回花蓮。

能高團此行雖然給了許多日本本土人士煥然一新的形象，也改善過去對高山族原住民的刻板印象。不過坂本茂在接受採訪時，還是感嘆內地人並非全都改變印象，需要時間醞釀。

但能高團員在各地旅館投宿時相當肅靜有規律，遵守傳統日式禮儀的一面，以及被高官招待時他們展現的西式禮儀，包括用刀叉等另一面，都讓列席人士對此印象深刻，雖不到改變所有人想法，但還是有不少成效。

隨後，花蓮港西本願寺的住持武田善俊也起心動念，希望能介紹幾個阿美族人前往母校平安中學「棒球留學」，將來可訓練他們成為佛教淨土宗的傳道師。在跟台北分院與京都本院相繼報告後，開始展開相關遴選作業與考核。在一番討論與確定本人意願後，約是在一九二六年八月底決定派遣羅道厚、紀薩和阿仙三人前往京都。與此同時，京都妙心寺也決定引薦一名阿美族人前往當地修行。

在確定遴選作業後，花蓮港廳也在這年九月安排能高團的「武者修業」，前往台灣西部各地做畢業旅行。這次的旅行陣容碩大，除了棒球隊外，也有相撲、柔道等，一共八十多人，宛如現在的畢業旅行。能高團在各地舉辦棒球、相撲等比賽，一路從基隆打到南部高雄後，再乘船回到台東搭火車回到花蓮港。

修業結束後，便是敲定前往平安中學的日子。武田善俊將三人集合起來，或許是為了怕他們可能因原住民身分會帶來不便，武田決定給他們起日本名字。首先是羅道厚，這個名字在阿美話中是「香蕉」之意，經過幾番考慮後，武田將其命名「伊藤次郎」。而紀薩則取名「西村喜章」，起因是紀薩的片假名發音「kisa」跟「喜章」日文音讀相近，希望讓他覺得更親切。而阿仙家的部落附近有漂亮的水田，阿仙的阿美話也代表「太陽照落之處」，武田將其取名「稻田照夫」。武田善俊取完名後，向廳長江口良三郎請示，正式獲得批准。

伊藤次郎、西村喜章與稻田照夫相繼跟家人與花蓮港廳各官員道別後，先是九月底從花蓮港搭船出發前往台北，並搭乘十月三日的「笠戶丸」前往日本本土，並於七日在神戶上岸。而在神戶港口，平安中學的棒球隊田村學長已等候多時，帶領三人搭車前往平安中學，三人約在中午十二點左右抵達平安中學，安頓好之後，下午兩點棒球隊正式替他們三人舉辦歡迎會。

至此，伊藤、西村與稻田三人，成為台灣棒球史上首批前往日本本土留學的原住民球員，也大大影響了往後三人的人生。

不過可惜的是，廳長江口良三郎在三人抵達京都後不久，便因病於十月二十五日溘然長逝於花蓮港，享年五十六歲，無法看見這三位留學生的活躍。

從農業補習學校畢業後，能高團的大家也相繼獲得工作內定，歐新決定去木材公司上班、辜茂得在農會謀到職位，能高團的青年相互珍重道別。此後，能高團就彷彿櫻花一般消失，再也沒有出現。如同日本傳統「侘寂」美學般，消失在台灣棒球的發展史上。

理蕃的階段性任務

當然，這些資料整理與論述都是後來我在日本國立圖書館等地方慢慢蒐集資料後查到的，剛開始的我對於能高團僅有很淺薄的認知。

隨著時光飛逝，能高團在花東地區宛如被神格化，甚至是「花東地區」棒球的先驅，但實際上當年除了林桂興外，更多的是江口、梅野、中村、坂本等人，熱心地捐錢、規劃、穿梭交涉才能讓能高團有表現機會，還有許多花蓮當地日本棒球前輩組隊比賽與對他們細心教導，才能奠定這批原住民打球的相關基礎，這點絕不能被遺忘。

能高團的消失固然相當可惜，不過就結果來看，當時花蓮港廳的理蕃政策已經出現更好的方向，能高團的活躍激勵許多原住民晚輩，讓他們願意在公學校畢業後繼續轉往技職體系，在競技上不再以相互攻擊來顯示男子氣概，而是以棒球、相撲等運動來證明自己的英雄本領。

更重要的是「花蓮港」這個地名，因為球隊的緣故變得日本全國知名，宣傳的目的確實已經達成。

因此整體來說，能高團的標竿性里程碑已經達到，完成了階段性的任務。接下來花蓮港廳只需要好好專注發展農業學校的課業，並讓這些學生成為「後能高團時期」的菁英即可。更重要的是江口於病逝後，花蓮政治界曾經歷近兩個月的空窗期，接任的第六任廳長中田秀造上任兩天，大正天皇隨即駕崩，進入昭和時代，後續推動能高團的事業，或許就是這些時代因素下慢慢消失了。

而回到尋找岡村俊昭這人，在二〇一七年一路忙到接近年底後，當時我也離開了電視台的工作，在日本每日新聞社擔任臨時助手，並繼續做著BBC中文的工作。我從當時支局長福岡靜哉身上學習到甚多採訪技巧，無意間我也跟福岡前輩聊起尋找岡村俊昭家人的念頭，出身自關西和歌山的福岡前輩，聽到我正在停滯不前的窘境，相當鼓勵我去一趟當地看看，並說有需要可以介紹京都當地的記者晚輩給我認識。

受到鼓勵後，我也重新聯絡永井教授，想不到永井教授也爽快答應，並表示可以介紹岡村的家人。興奮之餘，我開始規劃一系列採訪行程，只是當時我的存款仍然有點窘迫，於是我鼓起勇氣跟出版社的L社長申請一筆機票費用，在二〇一七年十二月中旬，搭著半夜出發的廉價航空前往關西一探究竟，希望可以了解岡村俊昭年少時代的謎團。

第二部 關西

岡村俊昭燦爛棒球生涯，
是從京都的平安中學開始的……

照片提供：岡村家族

不持手機的永井教授

日本關西的京都、大阪、神戶，俗稱「京阪神」地區，可說是台灣人最喜歡去的旅遊景點。原因無他，到處都是平價美食、觀光景點、充滿歷史風情的世界遺產等。以前大學的交換留學期間曾經來過關西一趟，那時對日文不熟稔外，也對關西的許多習慣嘖嘖稱奇，這回闊別近十年回來，從機場到市區內的新都心規劃，基礎設施翻新程度都再度令我驚豔，彷彿這個城市是個有機體。

入住飯店後，晚上便依約與永井良和教授在相約處見面，於關西大學社會學系任教的他，出過許多南海鷹相關主題的著作和社會文化史書籍，是通曉關西在地文化的學者。

外貌相當嚴謹的永井教授，戴著一頂畫家帽、穿著紅色大衣依約前來。隨後永井教授便帶我去當地的炸串店，首次吃到大阪炸串令我感到非常新鮮。教授也開始跟我談論起有關南海鷹的過往與岡村俊昭的相關歷史，不過當時我對南海鷹幾乎是一竅不通，只能聆聽外，並沒有太多時間插話或發表意見。

聊了一會，我便拿出手機問永井教授：「能否跟教授換一下 LINE？這樣以後方便好聯絡。」

「喔！不好意思，我沒有LINE。」永井教授回答。

「這樣啊，那能否跟老師問一下手機號碼？」我回。

「我也沒有用手機。」教授回覆道。

「啊！是喔。」我驚訝回應。

這應該是我第一次聽聞，這時代有人連手機都沒有辦就出門，永井教授只使用家用電話和電子郵件來聯繫，可說是相當老派的人。談話席間，他還抽出位在腰間的淡金色懷錶，「啪」的一聲打開上蓋後確認時間，宛如是位昭和時代的老紳士，令我印象深刻。

用完餐後，永井教授順便帶我前往南海鷹以前主場大阪球場的原址，現在已經改建成購物商場。然而從外型中還是可以隱約看出當年外野的模樣，購物廣場內也設有一個磁磚的投手板與本壘板，聽說是跟當年球場內的位置幾乎一樣，也是南海鷹迷的朝聖景點。

與永井教授拜別後，我一個人享受大阪道頓堀的繁華，夜晚看著街道人來人往，好不熱鬧，也讓隔天的岡村家族採訪，令人多了份期待。

能高團三傑的壯闊入學

伊藤次郎與稻田照夫、西村喜章等花蓮港能高團團員，在一九二六年十月抵達京都入學平安中學就讀後，開始了在異地的留學生活。雖然當時台灣被日本統治，可是台灣本島的生活性質與日本本土還是有著很大的不同，其中最大的挑戰就是即將來到的嚴寒。

談起平安中學，也就是現在的龍谷大學平安高校，幾乎是無需贅言的棒球強校，擁有超過百年以上悠久歷史，在二〇二〇年以前總共出賽春季甲子園四十一次，拿下一次冠軍；夏季則有三十四次，拿下三次冠軍、四次亞軍，可說是日本學生棒球史不可磨滅的存在。

而西本願寺花蓮港別院的武田善俊，正是這所名校棒球隊創校初期的指導者，隨後經由他推薦了這三位原住民球員加入。

進入平安中學棒球隊後，總教練佐藤秀吉先後開始打造這三位選手的體態，伊藤次郎的投球威猛，是佐藤心中不二的投手人選，起初伊藤還是維持上肩投球姿勢，不過因為在花蓮港時期用石頭打鳥的習慣沒有改掉，有時候球還是會過高甚至暴投，後來慢慢矯正到四分之三的投球姿勢。

矯正過後，伊藤的投球逐漸精準起來，一百球投球中，有八十球可以完全投中捕手要求的位置、絲毫不差，佐藤看到此景，不禁連連稱是。

此外，伊藤打擊也行、速度也佳。入學時已經一百七十五公分、八十公斤的他，繞壘一周只要十四秒、特別是從二壘加速回到本壘的速度更是超凡，宛如地面戰車，棒球悟性極高，加上體格好，讓伊藤成為佐藤想培養的絕對王牌。

伊藤的偏高直球讓人有股彷彿要往上旋的力道，對付右打者的外角低球又精準無比，讓打者手腳動彈不得，讓他們吸引了不少京都當地球迷支持。這年開始平安中學也創辦了棒球後援會，開始替這所棒球名校的強隊傳統打下基礎。

西村喜章則是從原先的右打，被佐藤秀吉矯正成了左打者，雖然剛開始不太順利，然而西村帶有威壓感的揮棒方式，即便是左打也讓投手感到威脅。久而久之習慣後，西村也開始用左打練習打擊，西村在當時隊上的前輩捕手結城得民細心指導下，西村一邊練習外野、左打，一邊學習配球當捕手。

稻田照夫則是三位留學生中身高最矮的，然而他速度最快，衝往一壘僅要三．七秒、跑回本壘只需要十三．七秒。佐藤秀吉後來曾說，有稻田在一壘，就算是無人出局他也會叫稻田盜壘，完全不用犧牲觸擊來推進，成功率逼近百分百。此外，站在二壘上的稻田，相當擅長偷看對方捕手的暗號，而且告知打擊區隊友的方式也是用阿美語。伊藤次郎和西村喜章身為母語人士自然熟稔，隨後包括各隊友也開始了解起基礎阿美語。

只是，稻田相當活潑開朗外，也有其神經質的一面。有時在重要比賽前都會睡不好、甚至上場前拉肚子等，精神上容易大起大落這點，讓佐藤秀吉相對苦惱。然而無論如何，這三位的速度與力量，在當時的中等棒球界掀起新的旋風。

在經過十個多月左右密集訓練後，球隊於夏天開始參加當年夏季甲子園的預賽，伊藤並從預賽第二場開始擔任先發投手，就此開始站穩隊上主力先發。最後球隊在以七比一擊敗京都一中後，以京津地區（京都與大津，泛指京都生活圈）冠軍之姿拿下首次的夏季甲子園出賽權。

溘然長逝的西村

進入一九二八年後，伊藤次郎的弟弟伊藤正雄也進入平安中學就讀。而在這年的春天，平安首度入選春季甲子園，消息傳出後，不只是學校，京都街上更是欣喜若狂，成為當地大事。

此時伊藤次郎也已經站穩王牌先發，五年級的捕手前輩結城畢業後，正選捕手位置交給了西村來擔任，西村在此時捕球精煉外，也養成不穿護胸，只戴面罩和護膝的獨特習慣。後來他曾說，護胸對於捕手來說太礙事了，拿掉比較暢快。西村臂力驚人，往二壘傳球的速度宛如弓箭一般精準，有時球的軌道相當低，伊藤次郎在投完球後都要不自覺地在投手丘上蹲下，隨後球再吸入游擊手稻田照夫的手套中，三位原住民的搭配一氣呵成。

不過在首度的春季甲子園中，平安還是以三比六輸給後來執教「天下嘉農」的總教練近藤兵太郎母校松山商業。面對從春甲舉辦起就連續五年進入選拔的松山商業來說，平安的首仗還是吃到苦頭。

不過隨後在初夏的六月後，平安在關西選拔中等棒球等賽事持續精進，拿下冠軍。這三個月間伊藤與西村兩人的搭配已經開始找出默契，加上平安中學的實力急速成長，等到七月底的京津地區大會已經是打遍天下無敵手，最後在地區決勝中以二十八比二的成績輾壓膳所中學，以全勝之姿晉級首度夏季甲子園。

八月十三日，在萬人簇擁的艷陽下，平安面對東北奧羽地區的代表八戶中學下營來首戰。甲子園在這年增設了俗稱「阿爾卑斯席」的外野看台，湧進滿滿的人群。伊藤與西村搭配下，首戰以五比零輕取八戶。

隨後第二戰面對九州的福岡中學以四比二獲勝。等到第三戰面對兵庫的甲陽中學時，甲陽的捕手木村，看到西村不穿護胸的捕球姿勢，認為自己也不能輸人，乾脆也脫下護胸，引起現場一片譁然。只不過西村不以為意，二局就揮出一發全壘打，最後就以這轟、應是以四比三力克甲陽，進軍準決賽。

而在準決賽面對北海中學時，伊藤次郎則是投出了史上第三次的甲子園無安打比賽，奪下十二次三振，初出茅廬的甲子園，儼然已出現伊藤這位新世代巨投。平安一路進軍到決賽，面對擁有中島治康（後加入讀賣巨人、並為名人堂成員）的松本商業。

八月二十二日這天的總冠軍戰，甲子園湧進滿場人潮，平安在艷陽天下，再度交由伊藤主投搭配西村蹲捕。不過平安先是前三局就被拿下三分，此後一路沒有攻勢。直到九局下，靠著山本、伊藤次郎與西村等三支安打下追回一分，兩人出局滿壘的情況下面對伊藤正雄打擊，伊藤正雄先是選到一個好球，隨後捕手將球回傳。

然而就在這時，原先站在三壘的伊藤次郎突然做出出人意表的動作——盜本壘。

當時總教練正準備去喝水，站在三壘當跑壘指導員的隊友香椎瑞穗一個不留神沒注意，伊藤次郎就這樣大膽往本壘衝。想當然耳，松本商業的捕手百瀨則是與他追逐，最後將其觸殺，留下扼腕的隊友們與加油觀眾。平安的首次夏季甲子園，就在伊藤次郎的準決賽暴衝下結束，平安一比三輸給松本商業。

香椎後來晚年回憶時，曾說當年問過伊藤為何要這樣做，伊藤只說：「反正都要輸的話，我想先追到一分差再輸。」讓這個舉動成為一個謎。

首次參加夏甲便一路打到決賽，雖然平安在決賽中錯愕輸球，但還是拿到代表亞軍的「朝日杯」獎座。更重要的是西村喜章在本屆甲子園以正選捕手出賽後，引起棒球界高度關注，尤其是百分百的守備率和阻殺率，更是引起話題。

十一月底時，大每野球團與美國加州聖荷西的日裔人士等一起組成聯合軍，在日本各地展開巡迴賽。比賽球員除了都是當時棒球界的菁英外，其中更有美國職棒大聯盟的超級巨星——泰·柯布（Ty Cobb）。

談起柯布，幾乎可說是美國職棒大聯盟上古神獸級的人物，生涯出賽三千零三十四場、拿下歷史最高平均〇·三六七打擊率的成績，坐擁十二屆打擊王、六屆盜壘王與四千一百八十九支安打等，日後也以這些優異成績成為美國大聯盟名人堂天字第一號球星。然而，柯布雖然生涯戰績彪炳，其性格惡劣、常爆粗話，甚至場上小動作不斷等也為人詬病，素有「史上最強的技術與最惡劣的人格」之名，可說是早年惡棍球星代表。柯布在一九二八年退休後，跟美國訪問團一同前來，並進行美日棒球友誼賽。

十一月二十五日時，巡迴聯合軍來到京都，在山科的綠丘球場展開表演賽，而對手正是平安中學現役與學長組成的「平安俱樂部」，西村則是在這場比賽中，阻殺柯布這位世界級打者兩次。原先在美國以脾氣差聞名的柯布，在日本卻相當有紳士風度，被刺殺在二壘後，緩緩跑回來並摸了西村的頭笑著說：「好孩子！」

能夠被當時的世界巨星摸頭與握手，讓西村的手忍不住發抖，之後結束回到板凳區時他笑著跟隊友說：「我想我死掉都可以了。」

只是，想不到這句話卻一語成讖。

約是在十二月初左右，西村表示自己的身體不舒服，隨後進入醫院治療，被發現是因為進食過量所引發的惡性黃疸。當時西村所寄宿的家庭，由於該家庭膝下無子，便把西村當成自家兒子照顧。發育期中的西村食量驚人，曾一餐吃下兩碗親子丼飯與五碗烏龍麵，但也因為這樣引發黃疸。

最後在十二日下午兩點，西村於南區的大矢病院嚥下最後一口氣，隊伍的人悲痛萬分。西村遺骸由棒球隊進行「野球部葬」，徹夜替西村舉行追思會，並於隔日十三日下午三點從校門出殯，前往花山火葬場火葬。

事實上，十一月西村才接到父親的訃聞，無法盡孝道讓他相當難過，一度哭了三天三夜，想不到就在一個月後，西村也跟隨父親溘然長逝，留下總教練佐藤秀吉的無限遺憾。當年那個在講台上熱血演講的感性青少年，或許有著許多夢想，抱著喜悅的心來京都留學，隨著西村過世而無法實現了。

平安高校附近一隅

與永井教授的初次見面後，使得我對首次與岡村家人們見面感到莫名興奮，幾乎是睡不好覺。隔天一早處理完記者公務後，我隨即與永井教授會合。剛開始為求慎重，永井教授也帶著一位台灣留學生負責幫忙口譯，一同前往京都車站。

當時十二月中旬，京都當地已經是冷風颼颼，學生時代時我曾造訪京都一趟，然而記憶已經相當稀薄，睽違多年後回到車站前，再度被車站的雄偉無比給震懾到，心中想著，「岡村俊昭當年就是從這裡出站後，前往平安中學唸書尋夢的吧！」縱使物換星移，但一想到這是岡村俊昭在日本本土尋夢的最初起點，心中也是熱血沸騰。

用過午餐、討論過最終的採訪流程後，我們前往岡村生前居住的家，位於平安高校附近一隅的老式京都古宅內，長髮婦女出面相迎，化妝打扮正式外，髮色黝黑，一口關西腔聲音相當有活力地大喊：「歡迎、歡迎！」婦女臉上看起來有點原住民的感覺，讓我一瞬間感到驚訝。

該婦女正是岡村的二女兒八重，雙方一陣寒暄之後，我拿出錄音設備，並說明希望能多了解父親岡村相關的事情。

一開始，我即趕緊問起有關岡村生前對於花蓮的回憶，八重則說：「父親生前有提到花蓮港，他有說是很棒的地方。」不過對於花蓮哪裡、何時過來、怎麼過來的，八重則是完全不知道。

八重也坦言，小時候她完全不知道有關父親的背景，是到長大之後才知道，而且是父女兩人私下獨處時，岡村才跟她說的。

「因為我們家不能提這件事。」八重直接說。

「家裡不能提？」這句話讓我有點不解。

「嗯，而且提到的話媽媽會生氣。」八重說。

「喔，是這樣啊……」為了避免尷尬，我開始跟八重說明花蓮的一些歷史。其中，八重也提到，「父親有說他是高砂族。」不過具體是哪個族，八重本人也不知道，我繼續問道：「父親有提到唸小學、或是有讀過什麼農業補習學校的事嗎？」

「完全都沒有，我只知道平安高校以後的事。」八重並說，當年父親曾提及有人問他要不要來日本打球，因此被介紹來的。

一九二九年前後，當岡村俊昭前來平安留學時，西本願寺當時也幫忙安排岡村寄宿家庭的事宜。根據八重描述，在經由一陣遴選後，院方找上位在附近的村上家。村上家在江戶時代即是西本願寺的家臣，因此世世代代都與西本願寺有關係，進入明治時代後，家族也開始經營當鋪生意。不過一陣子後的大正時期，因為經濟蕭條等因素，村上家關閉了當鋪生意，將當鋪後面的倉庫隔出來給一位老婆婆與平安中學的寄宿生居住，校方則是給老婆婆固定費用，請她幫忙照顧寄宿生。當岡村來留學時，面對院方的委託，當時村上家也決定收留岡村。

岡村生前曾經和日本媒體回憶：「住在寄宿家庭宿舍時，可以聽到英語、朝鮮話、廣東話等，其實很快樂的。」

根據推測，岡村應該也是和伊藤次郎等人一樣半年前就先來熟悉環境，因此來到京都的時間應該為一九二八年九月前後。而且當年岡村在神戶下船時，伊藤次郎等人也在碼頭迎接他，京都古都的熱鬧非凡讓岡村相當震懾。時代劇明星大河內傳次郎等更是來看平安中學棒球練習，還招待伊藤等人到家裡玩。

不過當時我對此一無所知，因此只能瞪大眼睛聽著。八重說，爾後父親和寄宿家庭的女兒重代發展出感情，最後結婚了。因此，我們造訪的家即是村上家的老宅，也是岡村結婚後

作者與岡村俊昭女兒文（左）、八重（右）合照。

的居住地。

「喔，原來岡村是跟寄宿家庭的女兒結婚呀！」我有點恍然大悟。

「嗯，結婚典禮還是在家裡辦的喔！以前小時候還留有照片呢！」八重笑說。

結婚之後，岡村俊昭與太太重代陸續生了兩女一男。長女文是在二戰前出生，次女八重和長子成治則是二戰後出生。

「不過結婚如果是在二戰前，應該當時父親的父母也有被告知或是邀請吧？」我問。

「真的不知道，以前家裡都不能說……」八重回覆後幾秒，也歪了頭說：「不知道為何媽媽要隱瞞呢？」而據八重所言，父親與台灣的家族幾乎沒有來往，只在父親晚年的時候聽他說，「當年我是被平安的人帶過來。」至於岡村來之前跟家人的互動，八重也都沒聽過。

一邊回憶父親過往，八重也起身去拿父親生前許多照片給我們看，席間我與永井教授閒聊，不禁小小苦笑說：「果然還是沒辦法這麼簡單就知道。」並邊看、邊開始討論起當年的歷史。

這是我第一次看到網路搜索的寥寥幾張以外，這麼多岡村俊昭生前的照片，有參加春訓、跟隊友郊

作者與岡村俊昭的兒子成治（左一）、女兒八重（左二）及外孫女朋子（右一）。

遊、比賽集合、抽菸聊天、跟家人旅遊等，表情生動活潑，宛如躍然眼前，看到的當下，讓人感動。

「好帥的照片啊！」我驚呼。

永井教授在旁說明：「以前體育新聞的攝影記者，拍完照後都會洗一份給球員留念，有些照片報紙不一定會用到，但對於選手本身來說是很好的回憶。」當時沒有社交網路，因此攝影記者拍照後，隨手洗一份給球員，成為古早時代保持友誼關係的方式。

過去打棒球的英姿、以及與家族的照片內，其中有一張是岡村俊昭晚年時，跟太太與一群人的合照。其中這些人明顯一看出來是原住民，引起我的注意。我一直盯著這張泛黃的老舊照片後喃喃自語：「這些一定是原住民吧……」

我看著照片許久，緩緩地說：「您有聽過父親有個中文姓名，叫『葉天送』的嗎？」

「我還真的不知道。」八重說。

我開始跟八重解釋過去國民黨來台後，強迫原住民取漢名的過往。隨後，我突然也說：「不好意思，我想說在這邊推論一下。我認為您父親一定是有兄弟姊妹的，因為原住民族很少是一個小孩，既然會有葉天送這個名字，那或許是他有家人在當時接受國民黨的調查時，曾經有說：『我有個弟弟在日本喔！』因此才被取這個漢人名字吧？如果繼續找下去，一定會有跟家族有關的線索。」我如此跟八重異想天開分析。

「嗯……可能也是當年時代的問題吧！」八重邊說邊回憶小時候，對父親的印象幾乎都是早出晚歸，父親回來時他們都睡覺了，然後一大早岡村又準備出門，是個非常辛勤工作的棒球上班族。

「這樣一想，好像他退休後，我才跟他比較有話聊。」八重說父親退休後，還是滿腦子心繫棒球，晚年還常常去平安中學指導。

八重也提及，父親生前也多次提過想回花蓮看看，但是因為護照和簽證無法辦理，因此最後只能忍痛放棄。

「不能辦護照嗎？」我問。

「嗯，岡村在我們家戶籍上是什麼都沒有的。」八重說。

八重說明，小時候姊弟三人戶籍都是掛在媽媽下面，因此岡村在日本的戶籍只有他一人，直到過世前，岡村都是屬於無國籍的狀態。八重也說，小時候覺得為何父母親不是同個姓氏，長大後才知道，原來兩人不是在同個戶籍上。

我和永井教授也跟八重提及，有可能是因為一九五二年，《舊金山和約》（Treaty of San Francisco）生效後，原來在日本居住的台灣人與朝鮮人，一夕之間喪失日本國籍，變成旅居日本的「僑民」。只不過，八重稱父親生前也有想過歸化日本國籍的意願，但怎樣都無法成功。因此岡村在生前，屬於一直無法歸鄉、又無法入籍日本的無國籍人。

「會不會父親是偷渡來的啊？」八重突然用正宗關西腔笑著說。

「哈哈，絕不是的！當時台灣被日本統治，因此一定是正常管道來的。」我也笑著和八重說明，台灣原住民對棒球的貢獻相當大，在日本活躍的從郭源治到陽岱鋼等，各世代棒球人才輩出。

我笑說：「從遙遠的鄉下來到京都，搞不好當年村民都很為他高興，都到車站去歡送他呢！」聽到這裡，八重不禁哈哈

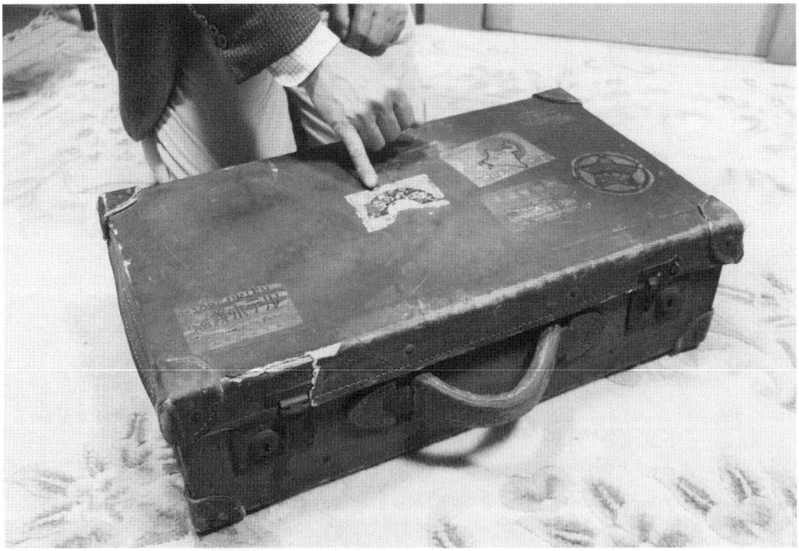

岡村俊昭當年前往平安中學留學時的行李箱，上頭貼滿貼紙。

大笑說：「這樣是最好不過了。」

徵求同意後，我拿起手機「喀嚓、喀嚓」地開始翻拍這些相片。八重此時也拿著父親生前從台灣帶來的行李箱給我們看，這款當年從花蓮港帶來的老式皮箱保存良好，幾乎是棒球國寶級的物品，上頭貼有許多遠征各地的旅館貼紙外，裡面還有許多生前岡村俊昭的用球，讓我驚嘆萬分，定睛觀看拍攝。

雖然是第一次見面，但是一聊就不知不覺兩個多小時過去了。臨走前，八重帶我們去岡村的佛壇前上香。

「爸爸，台灣的朋友來看你囉！」八重親切地對著牌位喊著。

「叮叮！」佛壇前響起清脆的鈴聲，我則是雙手合十，低頭跟這位花蓮的大前輩衷心祈禱，默念著：「謝謝您把我帶來京都這裡。」

我們與八重道別後，永井教授也順道帶我前往平安高校，經由校方人士帶領下參觀校園。當時我對南海球團與平安高校幾乎是不熟悉，對岡村俊昭這人亦然。不過經由這些初步的照片與訪問，大致上對於岡村的生平有了粗略了解。

只是，岡村來到京都前，叫什麼名字？為何會叫葉天送？是哪裡的原住民？當時我仍是一無所知，因為連女兒都不知道的話，恐怕也不會有人知道了。在與永井教授閒聊中，也聊到當年介紹能高團去平安高校就讀的西本願寺花蓮港別院住持武田善俊，如果去跟西本願寺打聽，或許可以窺其下落。只是現在的社會對於個人資訊極度保密，不是一等親家屬的話，根本連資訊都是不會公開的。一想到這裡，一邊走路、一邊就有種失落感。

突然現身的岡村

在西村喜章於一九二八年十二月不幸過世後，平安中學棒球隊同樣陷入一陣低迷失落感中，但是緊接著一九二九年開春後，就要面臨新的春天賽季考驗。一九二九年時，平安中學再度被選拔進春季甲子園，面臨二度的春甲，小球員們自然是不敢輕怠，奮力練球。

三月底時，當時《每日新聞》上平安中學陣容中，尚未出現岡村之名。三月三十日當天，春季甲子園熱鬧繽紛開打，平安中學則是在第三天的四月一日迎來首戰，面對來自和歌山的強敵海草中學（現向陽高校），而就在這天的先發陣容中，突然躍然紙上出現：「第八棒．左外野手岡村俊昭。」

原先在三月底還未登錄在選手名單上的岡村，突然現身了。或許有個解釋是，四月一日正逢日本的新學年開始，因此在四月前尚未入學的岡村俊昭，是無法被登錄到先發球員名單中。

但是無論如何，在經過半年左右適應環境後，首次入學就能以一年級生獲得正選資格並先發出賽的岡村，可說是相當得到教練團信任與花蓮港當地人員的賞識，而岡村的推薦人，或許正是花蓮港西本願寺住持武田善俊。

不過這場比賽，也許是團隊還未走出西村喜章過世的悲痛中，陣中缺少王牌捕手下，總教練佐藤秀吉啟用伊藤正雄當捕手，然而正雄與王牌投手哥哥次郎的搭配似乎沒有很順利，加上肩痛等問題，頻頻出現控球失準。岡村俊昭自己也是三打數吃了兩次三振，最終平安以零比五輸給了海草，岡村的生涯首次甲子園賽事中，僅僅一場比賽就落敗回家。

首戰落敗之後，全隊吸取春季甲子園的教訓，平安又陷入一陣猛力練習之中。又經過兩個多月的六月，平安再度出戰當地的賽事，伊藤次郎則是改與京都當地小學畢業的中川伴次郎搭檔，兩方相得益彰，球隊開始接連勝利，甚至在隨後六月二十九日，再度於甲子園球場迎戰海草中學，這次平安則是以十四比零大勝對方，算是報了一箭之仇。

隨後平安以全勝之姿迎戰當年夏季甲子園的京津大會預賽，此時平安也改變戰略，安排岡村俊昭上場蹲捕，與伊藤次郎搭配。原先以為會與伊藤正雄在春季蹲捕時相同，可能發生意外，不過岡村蹲捕下，平安在綠丘球場接連打敗對手，直到準決賽和決賽時才換回中川蹲捕。

最終平安中學在預賽的決賽，以十四比一壓倒對手京都師範，進軍夏季甲子園，此時的岡村已經是隊上第五棒中間打者，對一位一年級生來說，岡村相當受到重用。

京都本來就與甲子園球場有著關西地利之便，因此回到熟悉的甲子園球場應戰應不是難事。平安中學從第二回合開始出賽夏季甲子園，首戰面對朝鮮代表平壤中學，大熱天豔陽下，就算是現場有著大台電風扇也讓小選手們汗如雨下。鏖戰九局後，平安以三比零打敗平壤這隊搭船數天前來應戰的強敵，進軍下一輪。而下一輪面對的，同樣是搭船數天前來的台灣代表台北一中（現建國中學）。

台北一中當時已經是台灣首屈一指的棒球強豪，有著台灣最古的悠久歷史。先發王牌三瀨三則更是歷史首個春季甲子園代表宣誓的球員，隊上有著強打蜂須賀泰造與有泉武士等，可說是一時之選。平安與台北打了前五局，仍是一比一平手。

六局上台北再超前三分、但六局下平安又打回兩分，雙方可說是難分難解。最後九局上台北再拿下一分，眼看就要拿下勝利時，九局下平安又開始絕地大反攻追回一分，四比五只剩一分落後。稻田照夫一度攻占三壘，一度將要追平時，伊藤正雄最後打出高飛球遭接殺，平安的三度甲子園之夢，停留在這一戰。

不只是岡村俊昭，一九二九年這年也有一位日本棒球史偉大選手——鶴岡一人入學廣島商業。來自廣島縣的鶴岡，可說是撐起爾後日本職棒早年黎明時期的棒球運動的偉人，生涯擔任職棒南海鷹總教練二十三年，拿下一千七百七十三勝、一千一百四十敗、八十一和的戰績，一九六五年入選名人堂，可說是日本棒球史代性人物。而鶴岡一人的總教練生涯中，岡村俊昭則是以首席教練或二軍教練在一旁輔佐鶴岡，可說是絕佳搭檔。

不過一九二九年當時，一年級生的菜鳥鶴岡仍未被帶到甲子園打比賽，甚至連坐板凳的機會都沒有，但此時一年級生岡村就已經以先發主力登場，可見當年岡村的「即戰力」效應，立即得到了總教練認可，可說相當罕見。

從右打者變身成為左打者

歷經兩屆春甲都在首戰敗退的陰影，平安中學在一九二九年秋季開始加強鍛鍊。等到一九三〇年春天時，平安再度因秋季優秀成績，連續三屆入選春季甲子園。

而在首戰平安面對來自廣島的廣島商業，以四比零擊敗對手，不過當時二年級的鶴岡仍無法隨隊前來，因此並未出現在陣中。其後平安再度面對強敵台北一中，並以七比二擊退對方，直到四強戰中面對四國的松山商業才以二比九被擊退。

不過岡村在這一年做了重大決定，從原先的右打者變成左打者。雖然不知道岡村改練左打的真正原因，但或許是總教練佐藤秀吉給他的建議，讓岡村像是已故的學長西村喜章那般改姿勢。

當初改成左打時，岡村自然是頻頻遭到三振，不過在進入夏天之後，岡村的左打打擊慢慢開花結果。在當年夏季面對舞鶴中學的比賽時，岡村在零比二落後，兩位跑者在壘上時，一棒將投手投出的第五球掃成逆轉的三分砲。爾後，岡村便有了一句口頭禪「即使是滿球數，只要細心看球就會變得大顆好打」，可見得當年他的鷹眼銳利。

而在這年的夏季甲子園中，平安同樣是靠著伊藤次郎和中川伴次郎搭配，一路拿下京津地區代表權。進軍甲子園後，岡村已經扛起隊上最重要的第四棒位置，球隊接連以二比一打敗桐生中學、再以十五比零大勝東北中學，但是卻在準決賽以零比三敗給諏訪蠶絲，平安的冠軍夢再度被擋下。

而在岡村活躍於中學棒球球壇時，這年的夏天，鶴岡一人終於可以被帶去甲子園。但根據他往後回憶，那時他不過只是場邊幫忙撿球的學弟，直到當年秋季，鶴岡才首度以先發游擊手身分出賽明治神宮大會比賽，而平安中學也前往東京出賽該賽事，這讓岡村和鶴岡兩人，有了人生第一次的照面。

明治神宮大會結束後，平安中學則是史無前例地前往台灣遠征，從年底到隔年一九三一年初，從南到北與台北一中、台北商業、台北工業、嘉義農林、台南一中、高雄中學等對戰，十戰全都獲得勝利。

我在拜見岡村俊昭生前的行李箱時，看到上面貼有嘉義、台北等各地飯店的貼紙，印證了當年岡村遠征的足跡。而岡村此時也轉換角色，從原先的外野手變成蹲捕，並嘗試與伊藤正雄搭配。

此外，平安中學也開拔到東岸花蓮港，在一九三一年一月十日與十一日於聖地花崗山球場上舉辦兩場友誼賽，即將畢業的伊藤次郎和稻田照夫，與花蓮港鐵路所組成的鐵團進行友誼賽，老長官梅野清太擔任開球儀式投手。

而在當時，一行人也遇到了能高團的前王牌投手查屋馬，根據調查，當時查屋馬應該是已改名為相馬孝雄並擔任先發主投。伊藤次郎與相馬孝雄雖然曾經是隊友，但此時已經各為其主，但都同時見證了花蓮港的棒球發展起落。

但就是在這年，岡村俊昭也歷經生離死別——母親過世。根據已故前ＴＢＳ廣播作家鈴木明的書《日本職棒復活之日》中指出，岡村母親在他二年級時過世，而據說為了避免影響岡村心情，他還是在大賽結束後才被告知。雖然不知道是春、夏、秋哪季的大會，但可想而知他的心情。

根據當時報紙記載，兩場比賽結束後，除了歡迎會外，一行人也被安排回去「睽違五年沒有回去的蕃社探訪」，當年梅野清太的《東臺灣新報》勢必大幅報導。岡村或許也趁著比賽結束空檔返鄉祭拜了母親，這也是他人生最後一次回到台灣，爾後就再也沒有岡村回來台灣的紀錄了。

見證天下嘉農的誕生

進入一九三一年春季後，平安再度被獲選為春甲出賽球隊。這對於逐漸成為強權的平安來說，已經是家常便飯了，不過同時，伊藤次郎和稻田照夫也正式畢業，前往東京就讀棒球名校法政大學，隊中頓失兩名主力。因此，許多隊員也開始被改練投手，而岡村俊昭則是從外野開始改練三壘、游擊等，最後開始以新的捕手姿態展開新的賽季。而投手則是由弟弟伊藤正雄、夏威夷的日裔留學生本田親喜以及內海五十雄等流輪搭配。

在找不到固定先發下，平安的成績也開始出現亂流。一九三一年的春甲首戰就輸給松山商業、打包回家。隨後平安在當地還是努力練球，並與多所學校切磋，靠著實力再度拿下夏季甲子園代表權。但仍是在第一輪六比五驚險贏下八尾中學後，於第二輪賽事反而以五比六，一分飲恨敗給廣島的廣陵中學。

不過順帶一提，這一年也正好是近藤兵太郎執教的嘉義農林，一度打到總冠軍戰的光榮時刻。縱使嘉農在總冠軍戰最後輸給王牌投手吉田正男所領軍的中京商業，屈居亞軍，但嘉農精彩表現，早已讓「天下嘉農」之美名不脛而走。而岡村俊昭預計就是在看台上，見證了這一場精彩的決戰。

而後來跟岡村在南海鷹合作無間，就讀廣島商業的鶴岡一人，中學三年級的此刻終於有正式出賽機會。這一年平安也跟廣島商業有過交流戰，平安以九比零輕鬆獲勝，秋天的十一月，兩隊也在明治神宮體育大會上交手，這次平安則是以一比二落敗，岡村與鶴岡兩人之間也開始互有認識。

進入一九三二年後，日本官方開始對學生棒球運動加強管制，發布了《野球統制令》，起因在於學生棒球在社會開始愈發蓬勃，許多學校開始會收門票、甚至有大企業等會私下舉辦比賽邀請名校來比賽，讓學生棒球出現「銅臭味」。為此，日本官方訂定一系列規矩，要求各級學校要自制。

而這年對於平安中學來說，也是相當灰暗的一年。在先發投手仍不穩定下，夏威夷留學生本田親喜和岡村俊昭開始互相以投手身分出賽。這年春天，平安仍然被選為春甲的出賽學校，而在開賽前的各種練習賽，已可以看到岡村以投手身分先發的樣子。

不過春甲首戰，平安又是面對剛剛拿下夏甲冠軍的中京商業，可說是運氣不好。在吉田正男的壓制下，平安最後吃了九個三振，以一比三輸球。而以投手身分坐板凳的岡村，則是連亮相的機會都沒有就打包回家。

這年平安士氣不振的主要原因，也在於總教練佐藤秀吉還是大學生，正逢最後一年的實習課程，無法擠出時間。因此平安呈現一種群龍無首的狀態，雖然還是有棒球部長空本福松帶隊，但是士氣還是影響很多。而在夏季甲子園的京津地方大會時，平安則是直接乾淨俐落地以一比四爆冷輸給京都師範，無緣進軍甲子園，也成為岡村五年中學生涯中，唯一一次沒有參加的甲子園大會。

京都商業出現個強投澤村

進入一九三三年，這年適逢春甲十週年紀念，出賽隊伍一口氣增加到三十二隊。其中京都則是有兩校代表被推薦，除了岡村就讀的平安中外，再來就是首次出賽的京都商業。在京都當地本來不是很有名的京都商業，一夕之間能被遴選為春甲的出賽隊伍，全賴隊中王牌投手——棒球界新星澤村榮治所影響。

談起澤村榮治，幾乎是每個了解日本職棒的球迷都知道的經典巨投，中學未畢業就被選入當時《讀賣新聞》主辦美日大賽的日本代表隊中，以極其優秀的能力三振貝比．魯斯（Babe Ruth）、盧．蓋瑞格（Lou Gehrig）等大聯盟打者。等日本職棒創立後，澤村再度以優秀能力投出三場無安打比賽、並且囊括首次投手五冠王的成績，成為職棒草創期的英雄人物。

但同時，澤村亦是時代性的悲劇腳色。他生前曾被日軍徵召三次，前往戰場服役，最後在一九四四年時不幸戰死在鹿兒島南方的海域上，得年僅二十七歲。二戰後，為了紀念澤村生涯的功績，日本職棒設立「澤村賞」表彰每一年職棒的最佳投手，至今仍是投手最高榮譽。

有趣的是，澤村榮治這位經典投手，居然曾把岡村俊昭視為宿敵看待。為何會有這樣的插曲，實際上是從京都的中學時代就開始了。

一九一七年出生於三重縣宇治山田市的澤村，就讀當地的明倫小學校後，於一九三〇年遠赴京都商業唸書。小學開始就熱愛棒球的澤村，加入京都商業棒球隊後，開始猛力練習，有時一天練投兩百五十至三百球，並透過五十公尺短跑、爬階梯等鍛鍊下盤。

此外，澤村就連泡澡時都會握著網球和木球，讓手指記憶球路。久而久之，三年多來澤村球速成長飛快，在京都當地開始小有名氣。

澤村在弱小的京都商業就讀，自然針對許多當地棒球名校進行資料收集，除了平安中學外，包括京都一商、京都師範等球隊，他都做好詳實紀錄，寫了一本滿滿的棒球筆記，從球種、球數、模擬狀況，甚至會畫圖解等幫助記憶。為何要這麼辛勤練投，或許是因為想帶領弱小球隊出頭天，澤村那種不服輸的硬頸性格，造就了他驚人體魄。

其搭檔捕手山口千萬石生前曾對《讀賣新聞》回憶，他曾與澤村搭檔三年多，從他球速不是很快的時候開始接球，接到後來手都發痛。山口當時一度要求說：「阿榮啊，你手肘和肩膀不痛嗎？」

澤村只回：「不會喔！」

山口後來說：「澤村的確是個天才，但也是個相當努力的人，才能發揮所長。」

澤村在京都商葉時期，多次與山口討論戰術，還要山口背好他的筆記來與多支球隊應戰。

漸漸地，澤村在多場比賽中展現優異投球能力，在京都當地漸漸闖出名氣。以「打倒平安」為志向的澤村，也不避諱地將平安列入頭號目標。

山口生前回憶，澤村到底有多把平安當作仇敵，他曾記得當時澤村在手套上，用墨水寫下「岡村俊昭」與「本田親喜」的兩個名字，當時平安這兩位能投能打的「二刀流」，無疑是澤村的頭號敵人。

澤村就讀的京都商業，在一九三三年迎來最佳的比賽狀態，此時四年級的澤村已經成為京都地區響叮噹的投手，唯一要解決的障礙就是強豪平安。不過春季甲子園時，兩隊都是代表京都當地出戰，抽籤時也沒有抽到一起比賽，因此在春甲開幕前，京都當地先為兩校安排了場別開生面的「歡送比賽」替兩校送別。

不過，或許就是這場比賽，加深了澤村要打倒平安中學的決心。

這場歡送比賽，在京都的西京極球場舉辦，不過平安打得相當順風順水，前面七局結束已經是七比零領先。八局下一出局後，隊友波利熊雄在敲出一支中外野方向，靠著腳程跑回來的場內全壘打拉成八比零後，擔任第四棒的岡村俊昭準備進入打擊區。

根據我後來對岡村子弟兵、名打者岡本伊三美的採訪表示，岡村生前曾跟他說，在對決澤村、進入打擊區前，岡村就拿著球棒跟澤村大喊道：「阿榮啊！你這隻鴨子！看我把你打下來！」

日文中的「鴨子」，其借代之意為「手下敗將」、隨時可以簡單打下來。岡村言下之意，就是不把澤村的投球看在眼裡。根據採訪所言，當年的澤村面對岡村這段話，只能氣得七竅生煙、面紅耳赤瞪著他，但是卻也無法吐出話反擊。

澤村對決岡村，決定在第一球就先用曲球吊他，不過岡村早就料到澤村的計策，「唰」的一聲，白球如子彈一般往中外野高空竄上去，直到天際不見蹤跡。中外野手已經放棄追求，直接目送球出場外。

岡村敲出一發貨真價實，超大號的場外全壘打。

算起來，澤村榮治後來進入職棒後，生涯只被敲出八轟，從他的剛速球中敲出全壘打更是極其困難，但是岡村在當時的場外全壘打，著實給了澤村一次大震撼。澤村的表情極其失望，只能呆若木雞地望著中外野嘆氣，最後平安以九比零大勝。當然，在現在的學生棒球場合，已經無法出現這樣的挑釁話語。然而無論岡村是挑釁還是開玩笑，都增添了傳奇性。

為了紀念這支場外全壘打，後來西京極球場的中左外野，曾經有個寫上「平安岡村」並打上圈圈的石碑，岡本記得小時候去該球場時，還曾看過那個石碑。不過在二戰後，該球場被美軍接收、隨後拆除重建，因此也就走入歷史了。

此時的岡村俊昭，迎來中學生涯打擊的巔峰，就讀法政大學的伊藤次郎、稻田照夫等人，在休假時便會帶著隊員來一起打友誼賽。有法政的學生看到岡村的打擊實力，將球頻頻打出牆，但自己卻做不到，驚呼：「這樣的選手已經是無人能出其右。」當然，岡村晚入學，因此身體素質也較健壯一些，才會出現若干差異。

成為甲子園最多次出賽者

隨後進入春季甲子園賽事，平安中學第一天就碰上兵庫的強豪明石中學，其中強投楠本保更有「明石怪童」的美譽，鏖戰九局後平安以零比一敗下陣，楠本投出十八次三振，只被敲出零星三支安打。平安的年輕王牌高木正雄也不弱，僅被敲出四支安打，但是明石形勢比人強，平安在這年春甲的首戰就出局回家。

不過京都商業就有點不同，雖然在歡送比賽上被平安打得落花流水，但卻一路打進八強，同樣遇到明石中學，並以一比二，一分輸球。楠本保的好投，可說是接連斷送平安和京都商業的美夢。

隨後平安照例進入練球與友誼賽中，準備挑戰夏季甲子園。對於中學五年級的岡村來說，這也是他的最後機會。對於京都商業亦是如此，首先要先拿下京津地區大會的冠軍。該年七月底，京津地區大會在豔陽下正式開打，前兩戰面對京都二商與福知山商業，平安都輕鬆獲勝，不過等到第三輪賽事，平安中學就與京都商業又狹路相逢。

一九三三年七月二十九日，平安於西京極球場對戰京都商業，同樣是澤村榮治銜命先發、對上平安中學的整齊陣容，平安同樣由新秀王牌高木正雄領銜主投、加上岡村俊昭與本田親喜等強打陣容，一場地區大會決賽儼然提前開打。

然而，擋在澤村的夏季甲子園之路前方的，正是當年他的天敵——岡村俊昭。

這場比賽，在二局下，當岡村站上打擊區，選到兩好三壞滿球數後，瞄準澤村的剛速直球，「鏘」清脆的聲音，一棒將球掃到中外野後方，岡村敲出一支完美的三壘安打。正如岡村所言，「滿球數後的球是看得最清晰的。」岡村的銳眼又再度挑中澤村直球攻擊。

隨後高木正雄敲出游擊滾地球，站在三壘的岡村不敢親舉妄動，但緊接著捕手堀添篤磨則是一記巧妙觸擊，球往三壘邊線滾的強迫取分，三壘上的岡村順勢跑回本壘，替平安拿下拿下寶貴的唯一一分。不僅如此，岡村在四局下再度上場打擊時，這次則是打出投手前的強襲安打，澤村閃地飛快下，球穿過間隙後是到中外野。

最後，平安就靠著這寶貴的一分，終場以一比零力克京都商業，平安全場的兩支安打，都是由岡村所擊出，若說岡村是這場的最有價值球員實非虛言，岡村的強打也親手封鎖了澤村榮治與京都商業的甲子園之路。然而，澤村也單場投出十次三振，包括岡村也吃了一次，加上京都商業也打了四支安打，但可惜未能發揮串聯，因此平安是靠著將士用命、與精準的戰術搭配，才能贏下澤村的強投。

山口生前回憶，當對戰平安的比賽在兩好球時，他曾比出投曲球的暗號，但是澤村在投手丘上相當生氣，直接大吼：「老子的三振球是什麼？是直球吧！」山口後來老年時都不曾忘記那個大吼，也可以看出澤村對平安奪勝、三振要投直球的執著。

岡村晚年也曾跟平安的晚輩（永井教授採訪）回憶，澤村投球方式以直球內角進逼為主，因此他就站得很靠近打擊區，這樣就讓澤村不得不往中間和外角投。岡村再對此設定自己的打擊熱區，等待球進入熱區即可。岡村與澤村這位史上留名的大投手，在一九三三年有了熱血交鋒。

平安贏下京都商業後，後來接連多場贏下其他學校，最後才又辛苦拿到夏季甲子園的出賽權，算是雪了一九三二年的恥辱。出發前往甲子園前，總教練佐藤秀吉特別將第四棒的位置交給岡村，第一場面對來自北海道的北海中學時，平安就打得格外辛苦，雙方一直零比零僵持下，直到十一局上靠著岡村在滿壘下的清壘二壘安打等，讓平安連攻下五分，最後以五比一贏下首場。

接下來兩場，平安面對奈良的郡山中、愛媛的松山中等，一路擊敗各家好手再度迎接決賽。而決賽對手，正是在一九三一年擊敗嘉農，準備劍指三連霸的中京商業。只是決賽面對當年扳倒嘉農的一代巨投吉田正男，平安仍是連連吃癟，整場比賽包括岡村的一支安打在內，僅敲出兩支安打，吞下十次三振，拿下唯一的一分是靠打者觸身球上壘、投手牽制失誤加上捕手暴傳，最後以強迫取分得來。

只不過，中京商業不愧是兩連霸王者，鏖戰九局後，最後中京以二比一力克平安，完成史無前例的三連霸。讀了五年書的岡村，最後一年仍與首個夏甲冠軍失之交臂、屈居亞軍。然而，岡村也與隊友波利熊雄、光林俊盛兩人一同創造甲子園九次出場的歷史紀錄，在至今高中改為唸三年的學制下，這成績肯定是前無古人、後無來者了。

而在夏季甲子園後，岡村便正式卸下中學球員身分，轉交給學弟們。從秋季的比賽起，他便不再出賽。進入一九三四年春季後，岡村揹著行囊從京都出發，在搭了幾天夜車之後，抵達東京，正式就讀當時舊制的私立日本大學。

禁止女性與外人的居酒屋

結束了首次拜訪後，永井教授和助理便先回到大阪，只剩我一人在京都車站前閒晃。只是心中的我突然有點失落，本來以為去了一趟京都老家，有關岡村俊昭謎底都能解開，怎奈對於自家父親的身世，女兒也不甚了解，甚至有更多無法解開的謎題出現。記者性格的我，甚至開始去想岡村當年是否有在京都受到種族歧視、或是不受歡迎等問題。

我經過一間居酒屋，看到門上掛著「完全會員制」、「不准久坐」、「禁止女性」等標語，讓我突然升起一股不甘心，直接推門進去後問：「我不是會員，但可以坐嗎？」只見居酒屋老店長抬起頭，看我來得突然，仍悠悠地用關西腔說：「當然可啊！」

我隨後點了一盤牛雜煮和一瓶啤酒，一個人開始吃了起來。在古老的京都車站旁，我一人心中默默地想著：「這間店真的很不歡迎外人。但或許所有京都人，都是不喜歡外人的吧。」

第四部 迷途

岡村俊昭大學生涯的資訊極少，
我得靠著史料爬梳完成這段迷途……

照片提供：岡村家族

回歸花蓮市

從關西回來後，我從原來的意氣風發，變成有點消極。原先以為可以透過跟岡村家人的採訪，進一步解謎岡村的年少身世，結果不只家人對此一無所知外，甚至該話題在家中成為禁忌，一切等同回到原點。

回台之後與不少日媒記者吃飯喝酒聊到此事，當中也有日本資深記者回答：「這也是沒辦法的事吧，畢竟每個時代都有各時代的難處。」不過我聽到這個時候，總是覺得有點不甘心，心想應該有什麼方式可以抽絲剝繭，慢慢解開身世之謎才是，一口啤酒在嘴巴裡轉了好幾圈後才吞下肚。

接下來的幾個月，我仍在跑新聞之餘，持續搜尋有關岡村俊昭的資料，這段期間也發生了不少事，其中也包括花蓮大地震。該場發生在花蓮縣近海，芮氏規模六．二的大地震，讓花蓮地區受到重創，市區內尤其嚴重，不少建築物傾斜或是直接倒塌。我則是在半夜地震發生後，搭著隔天早上的搶修好的第一班火車，從台北直奔花蓮當地，跟日媒記者們一同採訪數日。

其中，最讓我感到印象深刻的，則是採訪傾斜的雲門翠堤大樓與整個塌陷的統帥大飯店，裡面也有死者是在飯店服務的原住民員工，整個採訪過程讓人感到相當衝擊。

在採訪途中，我對花蓮市的了解又相對深了一些，過去家族來自花蓮縣的鄉下，幾乎逢年過節都只會回鄉下地區，幾乎沒有進花蓮市區。何況我的家鄉與花蓮市區也有五十公里以上距離，開車的話至少要四十分鐘，因此若不是地震的採訪，我也沒有機緣更了解花蓮市區。

就在結束花蓮大地震的採訪後，正巧就碰到台灣農曆年放假，我也就順道直接回鄉下過年。在跟家人們的聊天中，發現如果要尋找岡村俊昭的蹤跡，或許可以去花蓮市一趟看看，一來岡村俊昭如果是能高團的，那就有可能是花農補校畢業學生，花農或許有些資料；二來是當地的文化局等機構可能會有些歷史文件，因此我在過完農曆年，等忙完一陣後，便決定於三月底前往花蓮市進行一趟採訪。

舊名花蓮港市的花蓮市，是花蓮縣的市中心，位於現地北端，如果以台灣本島約等於九州的大小來比較，花蓮市則大概是位於約大分市的位置。花蓮縣的面積約四千六百二十九平方公里，大小約等於京都府的四千六百一十二平方公里，但花蓮市的面積不大，僅有約二十九．四一平方公里，約等於東京都新宿區加上文京區的大小。

一九二〇年升格為花蓮港廳後，花蓮市當年由日本政府規劃下，變成相對方正的格局，市內由高砂通、常磐通、筑紫橋通、八彌通、朝日通等大路交織而成，這些路在二戰後雖然改名，但仍扮演市區內重要的交通樞紐。

在來到花蓮市後，我借住在親戚家中，並借了台車開始採訪。三月底的花蓮市，白天氣溫已經逐漸回升到二十五度左右，開著車窗在市區內兜風，倒有說不出的沁涼之意。我在經過當時還在封鎖的地震受災大樓，簡單一拜致意之後，便開著車往花蓮縣的體育會。

花蓮縣體育會位在較靠近山區的德興棒球場內，該球場也是花蓮縣唯一可以具有職棒比賽規格的球場，球場內辦公室的大理石光滑地面相當墨綠，很有在地盛產大理石的特色。先取得聯繫下前往當地，一位課長帶我進去辦公室內，不過該課長也很坦白地表示，日治時期大多數的文史資料都已經亡佚，只能給我一些現在的教育史等書籍來參考，翻了翻之後發現並無可以參考之處，便拍照留底，並感謝他們後，告辭前往下個地點。

隨後我又與花蓮高農的工作人員約好，前往該校採訪。接待的主任帶我來到昏暗的校史室內，裡面的資料相對零亂，也沒有任何有關日治時代的文史資料留下，該主任也對於我的造訪不甚感興趣，整個採訪過程草草半小時內就結束，讓人感到相當沮喪。

從花蓮高農出來後，我又陸續開車前往花蓮縣文化局及圖書館等地找資料，不過這兩邊則是沒有事先約好，想當然耳，這樣突然的造訪只能跟對方工作人員換名片和交換意見，加上該處也沒有相關史料可以參考，因此我一邊後悔自己無謀的舉動，也一邊對於台灣因為歷史的作弄，而失去很多過去時代的文件史料，不免感到失望。

在灰心之餘，我一個人索性開著車前往附近的花岡山體育場，這座體育場在日本時代曾經是花蓮棒球的聖地，許多當地的比賽在此舉辦，我坐在體育場內吹風，幻想當年許多棒球比賽在此舉辦的榮景，一邊想著該如何在剩下於花蓮的一天中儘可能找尋線索，整趟採訪沒有實質收穫外，甚至一度陷入迷途。

坐著坐著，突然間，一個想法浮現在我腦海：「西本願寺武田善俊。」

西本願寺花蓮港別院

從跟永井教授的對話，以及過去書籍上資料來看，西本願寺花蓮別院的住持武田善俊是當年介紹能高團球員前往京都平安中學的要角。因此，如果換個方式想，二戰後被接收的西本願寺如果仍尚存，或許還保有一些過去的樣貌、甚至當時的書信或相關文獻可以參考？

想說不如死馬當活馬醫，我拿起手機開始尋找有關西本願寺花蓮港別院的相關資料，網路查了一下後，發現花蓮港別院在二戰之後改名為「慈善寺」，也揮別過去的淨土真宗派信仰，查詢到的圖片中可看出，其建築也變成中式的寺院外觀。

如果要剖析岡村俊昭的身世，勢必要多了解一下武田善俊，心想這邊或許可以問到一些什麼後，我就回到車上，一路開著車，來到花蓮市內的慈善寺。該寺外觀宏偉，從入口就可以看到境內寺院建築碩大的屋頂，翠綠色的模樣在大太陽底下閃閃發光。繞過中央的水池向前方的樓梯而走，進入大雄寶殿，殿內佛經聲不絕於耳，有著傳統台灣佛寺的特色。

只是，環顧四周走了一圈，發現已經看不到過去西本願寺分院的任何遺跡存在。我在寺內遇到一位僧人，向其表明來意，希望透過採訪來多了解過去武田善俊與寺院的歷史後，他們將我介紹給寺內的一位資深法師「釋真聞」。

在園區內辦公室坐著不久，一位身穿灰色僧袍，戴著佛珠，身形較瘦小的出家人前來，自我介紹稱：「你好，我是真聞法師，也有人稱我聞師父。」我立刻恭敬地拿出名片交換，表示想多了解一下這間寺院的歷史。

只見真聞師父手抱著一本厚厚的書與幾個資料夾，經過詢問，原來真聞師父手持的是她的博士論文，內容寫的是慈善寺從過去西本願寺花蓮別院以來一路歷史的變遷，約有三百多頁，我仔細地翻閱前面每一頁，並與真聞師父請教。當然，內容的文史資料都以寺院變遷為主題，整體來說以二戰之後為主，雖然前面有提及過去住持武田善俊時代的風貌，但未提及寫到他介紹原住民去日本內地打球等內容，自然也沒有提到岡村俊昭。

「如果方便的話，不知道可不可以跟您請教有關過去住持武田善俊的歷史？」我邊翻著書、邊跟真聞師父交談。

「當然可以，之前他的外孫女有來過，有給我這些資料。」真聞師父說著並舉起手給我看另一個資料夾。

「喔？外孫女？還健在嗎？」我驚喜的回應。

「嗯，還在喔，住在廣島，但好像身體不太好。」真聞師父回答。

真聞師父隨後打開手持的資料夾說：「還真是很巧呢，她正好來這邊拜拜，然後接待她的師父知道我在寫論文，那時沒有源頭資料可找，就把她介紹給我，我真的好高興。她回家後，還寄了一些資料給我。」聞師父回憶起那時還是有點興奮，並開始跟我介紹資料夾中的東西。

翻開第一頁，只見一位僧人席地盤腿而坐，手持念珠，側身望著前方，正是武田善俊的生前照片。這是我第一次看見武田善俊的樣貌，不由得興奮起來，武田善俊上唇留著鬍子，臉略為方長，看樣子相當健朗，想必是青壯年時期的照片。隨後則是武田善俊的生平資料及許多家庭照、戶籍謄本等，作為新聞記者，能夠見到這些歷史資料，當下真的熱血沸騰。

聞師父看我看得興致昂然，便說：「我想武田善俊一定是很優秀，才會被派來這布教的吧。他來這邊的因緣也有受到姊姊影響，他姊姊以前在這邊做生意，做得還不錯，所以引薦弟弟來這。」

「是啊……」我端看著戶籍資料，口中喃喃自語並回應師父，戶籍上確實寫著，「經由在花蓮港市從事商業活動的姊姊岸田菊見介紹來台灣。」

我說：「原來親姊姊叫岸田菊見。」

「沒錯。」真聞師父點了點頭。繼續往下看，則出現一行字，「住所：花蓮港市稻住通二三九番戶。」

「這個地址是寺院以前的地址，對嗎？」我問真聞師父。

師父想了一下說：「這邊應該就是稻住通二三九號，我之前還有看到以前的地點，寺院剛開始前兩年是在軒轅路那邊，規模比較簡單。」

「師父，不好意思，其實我這次來除了請教武田善俊外，其實還想找一位叫岡村俊昭的人。」我突然轉了話題，並跟真聞師父簡單介紹了岡村的生平，還說明了前一年十二月去京都採訪的大概經過。

真聞師父在聽聞武田善俊介紹不少原住民球員赴日打球後，也很高興地說：「那你一定要寫出來，這很有意義。」

聽到真聞師父這樣說，我雖然很受到鼓勵，但也坦白跟師父說：「其實我更想知道當初這位岡村本來是誰？他出生的時候是什麼情形？他真的是阿美族，還是有什麼其他的血統淵源？本來叫什麼名字？然後在什麼情況下變成岡村這個姓？又在什麼因緣下被武田善俊推薦去唸書？所以我來這邊是想請教，看看有沒有以前寺院的一些文獻或是書信留下？」

「喔……是這樣啊。」面對我一股腦地亂發問，真聞師父則用平穩的態度回應。

「日治時代的東西，不論是文獻或資料，寺裡還有留下嗎？感覺好像是都沒有了？」我試探性地問。

「哎，對。」真聞師父輕輕地嘆了口氣。

「我想也是，畢竟算是『敵產』吧。」我有點苦笑後回覆。

「啊！骨灰的話還有留下！」真聞師父突然想到什麼似地回應我。

「喔！骨灰？」我略為驚訝。

「他們日治時代佛教，是延續自日本本土，德川家康江戶時代的『檀家』制度，簡單地說就是針對信徒，借用宗教來管理，每個人都有信奉的適用佛教。你知道，日本佛教有著自己的宗教派系，如真言宗、淨土宗等，通常這類信徒以後的子孫也都是這派的信徒，彼此也不能互拜，所以從出生、結婚到老死都是在這個寺院，因此就有造名冊。這些來到台灣的分院也是，主要總院在台北的西本願寺。假若信徒死了，骨灰要安厝，都是在舊院的庭院內。我們這個寺院以前就是這樣，許多人就在寺裡埋下骨灰。」師父開始滔滔不絕地說明日本佛教的特色。

「原來是這樣！」對於宗教認識甚淺的我，像是初次學習到新知那般新鮮。

「以前寺裡要自力更生種菜，出去賣菜才有收入，有一天寺裡的叔公在種菜時發現這些骨灰，後來我們就幫這些骨灰移靈，這是唯一遺留下來的日本財產。」聞師父說到這時，突然嘆了一口氣說：「只可惜，那時木頭製的骨灰罈都腐朽，整理時很笨，沒有拍照下來。後來我們就把這些木頭骨灰罈祭拜後燒掉了。你想想看，在土裡的木甕都腐敗的樣子，那時師父們也沒有保存的概念，就丟了。骨灰則是移到地藏殿這裡祭拜，後來又放到佛龕下。」真聞師父依稀記得，她一九八二年來這間佛寺時，還有整理過這些日本人的骨灰。

「謝謝師父說明，我本來是想說這位岡村先生好像有唸過花農的樣子，我查了一下後發現花農創校時期是在現在明義國小這裡，您剛剛是不是有說寺院剛開始建立時是在軒轅路上。」我問。

「對，那邊以前叫朝日通的樣子。」真聞師父回答。

我本來想說，如果武田善俊有在花農看過岡村俊昭，那會不會是因為正好在附近或隔壁的緣故，發現到岡村的才華。不過看上面的資料顯示，創立於一九一九年的花蓮別院，在創立兩年的一九二一年後就搬到現在位置了，而花農創立於一九二一年，兩處相比確實是有點距離。

真聞師父突然問道：「他女兒是怎麼說的？他女兒都不知道嗎？」

「嗯，他女兒真的不知道，而且這個話題從小在他們家中好像是禁忌，都不能說。可能是京都當年比較排外吧？據我了解好像他的戶籍下面也沒有子女，子女都跟母親姓。我在想是不是一九五二年《舊金山和約》生效後，台灣人失去國籍的緣故，所以才讓他處境變得比較尷尬。」我試著講出自己的推論。

「嗯，我想那是有可能的，在那個時代很辛苦吧。」真聞師父回應。

我持續翻著真聞師父給的資料夾，師父又熱心地再去拿了一些資料給我看。其中還有武田善俊孫女影印、當年武田善俊所保留的二戰前後留下的一堆水電費各種收據。

「連收據都還留下來，武田善俊真有心。」我說。

「我曾經聽他外孫女說過：『外公覺得因為有這些資料，才能證明我們曾經在這住過，如果有朝一日我們能回來，搞不好還有土地優先使用權。』」真聞師父這樣回應。

「原來如此，確實有可能。」當時戰後包括沖繩、台灣等過去的領地一度陷入主權未定的時期，後來沖繩被美軍接受改組琉球政府，直到一九七二年才回歸日本本土，台灣則是後來於一九四九年正式交由撤退來台的國民黨軍隊統治，有可能武田善俊生前，都一直思思念念想著台灣地位有朝一日改變後，就可以回去青年歲月長年耕耘的花蓮。

翻到其中一頁，出現「保育園園長、本願寺布教使武田善俊」的名片，真聞師父看到這頁後就說：「武田回到那邊去後，晚年有當過幼稚園園長。」隨後接著說：「聽說她的太太非常悲傷，畢竟人生大半歲月都是在台灣。回去日本後好像不到三個月就往生了。太太也是非常優秀的人。」

不會說日文的真聞師父，當年就在信徒幫忙口譯下，跟武田善俊的外孫女進行溝通，不得不說真的相當厲害。翻到資料最後一頁，只見尾端出現了一封感謝真聞師父的日文信，並附上了一個有「Misako」英文的電子郵件地址，想必這就是武田善俊外孫女的聯絡方式。

「我可以試著跟她聯絡看看嗎？」我問了真聞師父一聲，「對對，當然好呀。」真聞師父爽朗地回應。

我抄寫下電子郵件，真聞師父熱心地借我論文、資料夾等當作參考，本來覺得應該找不到希望的岡村俊昭身世之謎，突然間好像又邁進了一步。臨走前，真聞師父鼓勵我：「要加油喔！希望你寫得順利，你認真到我都覺得是要寫博士論文了！」

我感激地跟師父說：「謝謝您，師父，多虧您很有心，一直不斷進修才有這些資料可參考。」

真聞師父聽後笑回：「沒有啦，要不是當時老師一直鼓勵我，現在要我寫，我也寫不出來了。」

回到台北後，又陷入一陣記者生活忙碌，四月更碰到兩韓領袖峰會等國際級大事，又去了趟首爾採訪。等到五月之後行程較穩定後，我便寫了一封電子郵件給「Misako」女士，表明來意之外，也希望能親自去一趟廣島採訪。這段在花蓮的迷途之旅，意外地在最後見到真聞師父後，有很大的收穫。

宛如迷途的大學生涯

話說到此，再來談談岡村俊昭的大學生涯。事實上，就如同這段在花蓮尋找的迷途時期。岡村俊昭的大學生涯也是有如迷途一般，不僅資料相當少外，可以推敲出來的脈絡也不多，但在資料的抽絲剝繭下，仍可以略知一二。

一九三四年的春天，岡村俊昭正式從平安中學畢業後，四月進入位於東京水道橋的日本大學就讀了五年，該大學現今已經是「東都大學野球聯盟」的傳統棒球強校。只不過，不同於能高團與平安前輩們相繼前往名氣更高，擁有早稻田、慶應、明治、法政、立教與東大等名校的「六大學野球聯盟」，岡村俊昭進入的日本大學，棒球隊成立時代當年相對較晚外，一開始也沒有什麼豐功偉業與鼎鼎大名的明星，對於岡村這樣的中學校巨星來說，選擇日本大學就讀並參加棒球校隊，確實有點讓人感到意外。

後來在訪談中，曾聽岡村女兒八重闡述：「父親好像本來要唸早稻田，但是後來在澀谷車站碰到前輩，就在前輩的介紹下，被強拉去日本大學的樣子。」當下聽到這段話時，不禁讓我豎起耳朵，原來當年居然有這樣的「半誘拐」的行為，這在現在來講可能有限制人身自由等法律爭議了吧。

先簡略介紹一下「東都大學野球聯盟」的歷史，根據《東都大學野球聯盟七十年史》介紹，成立於一九三一年的該聯盟，集結了日本大學、國學院大學、專修大學、農業大學與中央大學等學校，剛開始是以「五大學野球聯盟」為名，隨後在時代演變下，不少大學球隊加入或退出，逐漸演變到十多支球隊，並採用升降制度，至今已經是不輸給「六大學野球聯盟」，棒球名人輩出的組織。

至於為何成立之初是這五所學校，其實可從地緣說起，從ＪＲ飯田橋站到水道橋站一帶沿路而走，正分別是這五所學校的創始地，除了東京農業大學與國學院大學後來搬家外，現在其他三校校區仍都在附近，東農大和國學院大的創立紀念碑，至今仍屹立於飯田橋站出站後不遠之處。

只不過，當初聯盟成立之初，如何找可用於比賽的球場，讓「五大學聯盟」煞費苦心。既有的神宮球場已經被「六大學聯盟」給長期租用，因此草創時期，「五大學聯盟」只得遠赴數十公里外的田園調布（世田谷）租用球場，並於一九三一年五月二日正式開幕。

日本大學前身是一八八九年創立的日本法律學校，在一九二〇年當時的《大學令》正式認可日本大學設立。棒球隊則是創立於一九二三年，其他四校也差不多是在當時前後成立棒球隊，因此在五大學聯盟剛草創時期，這五隊都差不多累積十年上下的經驗，實力來說也較為平均。不過日本大學在首年春季賽事就表現不俗，一度有望問鼎冠軍，但隨後日大球隊在夏季前，居然就直接前往北海道進行友誼賽遠征、剩下的比賽皆數棄權，直接滑落到倒數第二名。

原來是日大球隊在五大學聯盟開幕前早先答應對方比賽邀約，不能臨時爽約不去，成為草創時期的逸事。

由於球場難尋，五大學聯盟不得不跟早稻田大學租用早稻田校區的戶塚球場（今早稻田大學綜合學術情報中心）、或是位於中野區法政大學的新井藥師球場（今西武池袋線新井藥師前車站前），甚至跑到神奈川縣川崎市的新丸子、鶴見臨港等地的球場比賽，早前幾年聯盟也沒有專屬的裁判，必須各校球隊共同出資聘請，可以說是相當克難。

草創前幾年，最具知名度的五大學聯盟球員，則是來自神戶神港中學（現神港學園）、就讀國學院大學的投手前川八郎，前川在後來於一九三六年加入甫剛成立的日本職棒讀賣巨人軍，成為創隊元老。早在中學名氣響亮的他，為何會就讀國學院大學，其實也是當年被勸進的結果。

前川在生前曾對日本《週刊棒球》回憶：「其實，我本來上京是要去接受立教大學考試的，我在考試的前幾天都在立教附近的宿舍努力讀書。當時王牌投手菊谷正一很照顧我，我都覺得我就要快成為一個立大生了。然而，當時想強化球員戰力的國學院大學說服了我的長兄前川八十一，我哥大概是這樣跟我說：『你這傢伙去國學院吧。日本人的話就要去神道教的學校學習才對啊。』當時在不敢反對下，我就進去國學院大學了，那是考試前兩、三天的事吧。跟我不同的是，受到明治時代教育的哥哥，對於在基督教的大學唸書這事，似乎不是很認同吧……」

出生於一九一二年的前川，自小碰上大正時期的各項西方思潮，因此在上大學時有了這段特殊經歷。也因此，如果岡村俊昭是被介紹、甚至拉過去日本大學唸書，似乎也不是很意外。

商經學部的前後輩關係

如果被拉去日大唸書為真，那麼問題就在拉岡村去日大唸書的人可能是誰？從當時球隊組建的脈絡來看，岡村俊昭在平安中學的學長——香椎瑞穗和內牧雄一兩人，似乎具有很大的可能性。他們兩位在平安中學畢業後，先後進入日本大學就讀，不僅是一九三一年球隊加盟五大學聯盟的元老外，也是日本大學那時期的不動先發。

只不過，岡村俊昭是哪個科系畢業的？翻遍國會圖書館幾乎找不到，唯一可以確認過去畢業生動向的「名簿」，也因為現今個資法對於隱私嚴重保護，日本大學圖書館內幾乎無法翻閱，除非能在中古書店幸運找到過去名簿，不然無法證實岡村學籍。

後來採訪岡村家時，岡村的大女兒文與我提及，他們一家人很受香椎瑞穗的照顧，逢年過節都會收到香椎家的問候甚至賀禮。當我問及文，有關父親唸大學的回憶時，文說：「我記得他有說他是商學部的，以前棒球隊都在中野練球的樣子。」

先簡介一下香椎瑞穗的生平。出生於一九一二年的香椎，年齡上與岡村俊昭同年，但因為岡村晚讀的緣故，因此成為他平安中學與日本大學前輩。一九三五年於日本大學經濟學部畢業後，香椎前往當時的台灣總督府遞信部監理課任職，並加入台北當地的社會人棒球隊。香椎和台灣很有緣，不僅在台北結婚生子，晚年還自述在台北任職時，曾在巴士上巧遇平安老同學伊藤正雄（羅沙威）。

二戰後，任職遞信部總務課的香椎一家被遣返回日本內地。香椎被配屬到法務省總務課後，從一九四九年起轉任母校日本大學的棒球隊總教練，並在一九六一年拿下大學棒球賽的冠軍。直到一九六四年卸任前，香椎共替日本大學在東都大學野球聯盟拿下十二次冠軍。擔任日大總教練之後，也在相關學校的日大櫻丘高與日大藤澤高等擔任總教練，還率領櫻丘高拿下春季甲子園冠軍，最後於一九八八年病逝於東京都。生涯三十八年學生棒球的執教經歷，也讓香椎成為日本學生棒球界響叮噹的傳奇人物。

內牧雄一則是一九三四年畢業後，隨即前往當時日本統治的朝鮮，任職於朝鮮殖產銀行。就常理判斷，能在銀行任職，內牧雄一應該也是經濟或商學部畢業。內牧在日大棒球隊即是先發外野班底，同為外野手的岡村俊昭，或許正好同一年進日本大學跟學長做個交接，因此才被拉進去日本大學就讀的吧。

無論如何，依據能掌握的資料判斷，岡村俊昭應該就是在一九三四年春天起前往東京，入讀日本大學經濟或商學部（當年改稱商經學部）。

彗星加藤正二的瑜亮之爭

一九三四年的東都大學野球聯盟春季戰，於五月二日在神宮球場正式開打。岡村俊昭以強力新人球員之姿就讀日大，也給了其他四間學校不小壓力。特別是在上一季的一九三三年秋季戰，日大才以八戰「全勝」之姿的十成勝率拿下史上單獨的冠軍（先前都是並列或是因故未賽），外界紛紛認為日大展開連霸之姿是遲早之事。

然而，日大在首戰面對中央大學時，居然遭到零比四完封，硬生生斷了連勝道路，成為當時學生棒球界大新聞。而封鎖日大連勝的，則是當年的彗星新人球員——加藤正二。

加藤正二於一九一四年出生於四國的香川縣，在就讀高松中學時曾兩次參加甲子園大賽。當時早已被認為是打擊的明日之星。身高一百七十七公分的加藤正二，戴著圓框眼鏡，宛如一副書生樣，但是體格壯碩，打擊靈巧，投球也快。

加藤不僅首戰以投手身分完封掉了日大，隨後還以〇・三九四的打擊率拿下打擊王，完全是當時的大學棒球界的明日之星。日大則是在對上王牌投手阿部畢業後，以四勝七敗之姿滑落到第四名。

隨後一九三四年九月十一日開幕的秋季戰中，日大則是持續拼搏希望拿回冠軍，然而日大能力還是無法提升，只拿了四勝四敗勉強打平的五成勝率作收。不過值得一提的是，秋季打擊王則是由日大的中川伴次郎拿下，來自京都就讀平安的他，也是大岡村俊昭一學年的學長，在勸說岡村就讀日大一事上，或許他也有參與其中。

而就在這年七月，《讀賣新聞》決定舉辦首度日美棒球大賽，並力邀美國大聯盟明星隊來日比賽，陣中有貝比・魯斯、盧・蓋瑞格、吉米・法克斯（Jimmie Foxx）等，如今都是美國棒球史上響叮噹的人物。當時的讀賣所組建的「全日本軍」中，包含許多社會人士棒球的菁英，該隊的負責編隊的《讀賣新聞》運動部長市岡忠男，也憑著關係找到京都商業的校長，並以三寸不爛之舌，說服岡村俊昭的中學時代強敵澤村榮治入團。

不過在當時日本政府對學生棒球有嚴格的規範，不得與俱樂部等級的球隊對戰。然而澤村早在一九三四當年夏天的甲子園後就選擇退出球隊，有傳言是球隊內發生對後輩的暴力事件，導致球隊可能遭到禁賽等原因才退出。

順帶一提，澤村在這年夏季甲子園，成功打敗宿敵平安中學進軍甲子園，完成人生夙願。

然而無論如何，澤村也在這年秋天決定退學，以簽約金三百日圓、月薪一百二十日圓的條件加盟全日本軍。

等到美國大聯盟聯軍於十一月來訪，從橫濱港入國時，在全日本造成萬人空巷的盛景。無論走到何處，全美國聯軍幾乎都受到英雄式的歡迎，《讀賣新聞》也在各地舉辦包含兩場紅白明星賽的十八場比賽，當中全美國聯軍十六戰全勝、並敲出四十七轟，完全是把日本比在下面，讓當時十七歲的澤村看到了完全不一樣的視野。

澤村在這場系列戰中出賽五場、四場先發，其中值得一提的是在十一月十六日於靜岡草薙球場的對戰中，他主投八局投出九次三振，僅被敲出五安打一失分，失去的那分還是七局時大聯盟打者盧・蓋瑞格的陽春全壘打。

這樣的精彩表現，被美國記者盛讚「School Boy Sawamura」，也引來全美國聯軍總教練柯尼・馬克（Connie Mack）的讚賞，認為他只要去美國的農場體系磨練兩、三年，勢必在大聯盟大有可為。不過對此，當時十八歲的澤村有點膽怯地說：「我是很想去，但蠻可怕的。」當時對於直接赴美挑戰，十八歲的他仍是不敢貿然前往，只是這個決定，冥冥中也牽引了他之後的人生。

而在這年的十二月二十六日，《讀賣新聞》在丸之內的日本工業俱樂部內創立了「大東京野球俱樂部」，也就是日後讀賣巨人的前身。往後這一天也被稱為是讀賣巨人的誕生日，與岡村俊昭有過多次交手的澤村榮治，則是正式加入這支球隊，成為創始成員之一。

東都野球聯盟打擊王

時序進入一九三五年春天，這年岡村俊昭正式扛起隊上四棒打者的重任，並站穩先發右外野的位置。春季戰開始後，日大就展開不同面貌，農業大學退出聯賽由東京商大（現一橋大學）遞補，由於實力不強，因此成為各隊進補的對象，商大在聯賽拿了零勝八敗的慘績。而日大則是在與專修大、中央大等成績下不相伯仲，各自拿下六勝，於是開始進入三校淘汰賽，最後依照三校成績，由專修大和日大在神宮球場進行冠軍戰。

當時領軍專修大王牌投手鈴木芳太郎，來自靜岡縣，中學就讀靜岡中學時帶領學校七度打進甲子園。原先也跟岡村俊昭類似，傳言要去早稻田大學就讀，但最後一九三三年進入專修大學打球，是比岡村早一年的前輩。這場冠軍賽也就在鈴木芳太郎壓制下，以七比三贏下勝利，專修大拿下春季冠軍。

然而，日大雖然丟掉冠軍，但是岡村俊昭也迎來了大學棒球生涯巔峰，以〇・四五、九支安打與八分打點之姿拿下打擊王。當時的《讀賣新聞》對此報導外，也頒發了「讀賣打擊賞」給岡村，當時他手持打擊獎座，臉上一抹淺淺地微笑。或許是因為日大未能奪冠，讓他這個打擊王拿得稍微惋惜了些吧。專修大在這時期似乎也成為日大的剋星，在秋季戰時專修大依舊以六勝二敗拿下冠軍，日大依舊屈居第二。

然而，就在岡村奪下打擊王的這天，在彼岸美國的密爾瓦基則是出現另一則消息：渡美參加棒球友誼賽的大東京野球俱樂部，先發王牌投手澤村榮治面對當地球隊投出單場十四次三振，只被敲出四安打的好成績。

兩軍一度鏖戰到十二局，最後以零比零握手言和。隨後進行的單日第二戰，大東京則是推出水原茂和俄國裔投手史塔爾芬（Victor Starffin）主投，最後以七比一拿下勝利。澤村榮治的投球威名，此刻已經遠播異地美國，而當年跟澤村對戰敲出大號全壘打的岡村，則是在同天榮膺打擊王，有種命運上的巧合。

大東京在這一年二月開始，一直至七月中旬，在美國各地與一百零九支二A球隊比賽，留下七十五勝三十三敗一和的成績。在美國活動期間，隊伍對當地媒體自稱「來自東京的巨人」，也成為之後該球團在成立時取名「巨人軍」的緣由。

巨投澤村榮治的爆發

進入一九三六年後，由於大東京在美國巡迴表演的成功，讓各界都開始期待日本自己國家的職棒聯盟能夠趕緊成軍，包括「東京參議員」、「名古屋軍」、「阪急軍」等球隊也相繼成立。二月五日這天，日本職業野球聯盟正式成立，並在九日舉辦了由東京巨人軍與名古屋金鯱軍的比賽。隨後包括「大東京軍」成立、「大阪虎」進行成軍以來首次練球，日本職棒首個賽季開打已然迫在眉睫。

四月二十九日，日本首個職棒賽季在甲子園球場正式開打，不過當年巨人軍在二月至五月間仍然在美國巡迴表演，因此沒趕上首年度的春季賽事。而岡村俊昭的日本大學，則是在東都大學春季賽事中載浮載沉，落到第三名成績。這年仍是擔任陣中第三棒為主的岡村，面對敵對奮勇打擊，雖然最後打擊率屈居第二，無緣打擊王頭銜，但其他的十七支安打、二十分打點等成績，仍是聯盟第一。

進入夏季後，巨人回到日本，開始參與職棒賽事，澤村榮治的巨投能力開始爆發。在九月二十五日對戰大阪虎時，澤村投出日本職棒史上首次的無安打比賽。根據傳說，大阪虎到最後一刻怎麼打都打不出安打，儘管澤村已經大聲預告會投什麼球路，但對方怎麼揮也揮不到，增添了幾分傳說性。這年日職秋季戰，澤村拿下最多勝投的十三勝二敗，與第二防禦率一．〇六的成績，並在總冠軍賽連投三連戰最後，打敗那時的大阪虎，成為日職史上第一次奪冠的球隊。

而岡村俊昭的日大，則是持續在東都大學秋季賽事中持續受到強敵中央大學壓制，首場遭到五比二、第二場更是遭到二十二比四痛擊，由於日大投手陣容崩解，就連岡村俊昭也要上場投球，但依舊抵擋不了中大的強勢來襲。最終中央大學以六戰全勝之姿奪下冠軍，岡村俊昭的好對手加藤正二再度以〇．四七六打擊率奪下打擊王。

進入一九三七年後，日本大學依舊在春季賽事中力爭上游，在六戰中拿下二勝四敗的戰績，落到第三名。而在秋季賽事中，日本大學依舊相當弱勢，以二勝五敗再度成為第三名。秋季戰中，岡村俊昭的好對手加藤正二更是創下〇．五七七打擊率（二十六打數十五支安打），至今仍是東都大學野球聯盟的歷史紀錄。然而值得注意的是，岡村俊昭同時也以五成打擊率坐穩第二，這年的交手還是加藤占了上風。

而在日職賽場，巨投澤村榮治的成長則是持續邁向巔峰，在五月對戰大阪虎時再度創下第二次的無安打比賽紀錄。巨人這年以〇．五場的優勢奪下冠軍。澤村的二十四勝四敗、拿下球隊全部勝場（四十一勝）半數以上、防禦率〇．八一的成績奪得最多勝和最佳防禦率佳績。此外七場完封、勝率〇．八五七及一百九十六次三振的成績等，讓他被選為首屆ＭＶＰ（最有價值球員）。

只不過，當時日本在這年的七七盧溝橋事變後，開始展開侵略中國的野心，隨著戰線持續擴大，對國內徵兵已經是刻不容緩的事。而此時已經名滿天下，站上生涯高峰的澤村，似乎也逃不過命運的安排。

協助平安奪下首冠

澤村榮治在一九三八年初不久後的一月十日，正式被徵召進入家鄉三重縣的帝國陸軍步兵第三十三連隊服役。先前許多中學畢業的職棒選手，會選擇在私立大學的夜間部註冊保留學籍以避免被徵召入伍，但中途退學的澤村並沒有這資格。澤村入伍後擔任輕機槍手，並在訓練後於四月三日離開廣島，六日抵達青島後參與武漢戰役和襄東會戰。

在中國戰場上，澤村成為連隊宣傳的活招牌，常指派他去參加手榴彈投擲比賽，由於手榴彈相當沉重，長時間下來讓投球的右肩受到沉重負擔。他的左手並受到穿透性槍傷，此外還染上瘧疾，可說是大大影響到職業生涯。

而轉到東都大學野球聯盟，進入春季後，已經賽季三連霸的中央大學，則是劍指四連霸。這年五月，岡村俊昭面對日本大學生涯最後一年，說什麼也要給母校帶來好成績。扛下隊中第三棒重任的他，在賽季當初對戰專修大學的三戰中，日大取得兩勝一敗的領先。隨後日大面對中大三連戰，再度取下兩勝一敗，加上其他對戰成績，最終日大在春天賽季以六勝二敗之姿，如願以償地拿下睽違九個賽季的冠軍。

不過在這年夏季，岡村俊昭的母校平安中學，則是在夏季甲子園中奪下歷史性的首冠。有趣的是，根據《平安野球部一百年史》中所敘述，一九三八年至一九四一年之間，岡村俊昭與前隊友本田親喜有過一起兼任平安總教練的紀錄。

起因在於原先的總教練名倉周雄被徵召去打仗，因此正在慶應大學就讀的本田和日本大學的岡村，就臨時替補上當教練。那時學生與職業人士可否兼職中學棒球隊教練仍沒有一定規範，加上春季或夏季的比賽期間，正好是大學放假時刻，因此在戰局吃緊下，岡村如果有回來兼任總教練，似乎在理論上是說得通。

但隨後的東都大學秋季賽事，日本大學則是在七戰中拿下四勝二敗一合的第二名戰績，並在最後爭冠中輸給了老對手中央大學。岡村俊昭的大學生涯最後一季，在此畫下了休止符。

綜觀岡村的東京五年生涯，相較傳統的「東京六大學聯盟」，「東都野球聯盟」確實是論人氣還是實力，都顯然矮了一截。不僅報紙、雜誌上仍是六大學野球聯盟占絕大版面，東都大學野球聯盟的比賽只有簡單地攻守數據、幾乎也沒有詳細報導，鋒芒還是被六大學聯盟給拿走。加上職棒開打後，體育版面幾乎都由職棒比賽占據，東都大學野球聯盟就更缺乏關注。

岡村五年大學的十個賽季，雖然都是專修和中央兩間大學獨強，日本大學只能拿下一季的冠軍。而加藤在中央大學期間，四度獲得打擊王；岡村只獲得一次。然而，縱使數據和史料有限，大學生涯的岡村俊昭算是相當活躍的球員，也在年鑑中被評為是日大史上表現最佳的球員，同時是最佳九人守備的常客。

而至於岡村的大學生涯為何會唸到五年？或許也是受大學舊「預科制度」所影響。預科制度為一九一九年《大學令》正式實施後的大學生前期培育制度，國立與公立大學的預科多為三年、而私立大學則是兩年與三年皆有，預科制度直到一九五五年才正式廢除。

從《日本大學經濟學部七十年史》中可以看出，岡村入學前的一九三三年，經濟學部與商學部尚未分家，商學部所制定的修業年為三年。第一學年為商業學概論、經濟學總論等，第二學年為商工經營論、會計理論、商業政策等，第三學年則為商業實務、日本商業研究、銀行及信託論等。

而回到一九三五年，當岡村俊昭獲得東都大學野球聯盟的打擊王時，報紙上寫的也是「預科二年級生」，因此兩年大學預科加上商經學部的三年修業標準，岡村最後大學唸到五年應該是相當合理。

根據前TBS廣播記者鈴木明在八〇年代的書中，曾記述到岡村在畢業前，曾經一度已經決定要去銀行任職，因此幾乎可以斷定岡村就是商學部學生。然而就在一九三八年時，職業棒球已經儼然成為棒球選手就職的新趨勢，當時即將成立新職棒球團的「南海軍」總教練高須一雄，也在這時透過管道找上岡村俊昭，問他：「要不要打職棒試看看？」希望能攏絡他成為這支新球隊的戰力。

然而，大學時的岡村俊昭已經出現右手慣性脫臼的問題，加上當時大學生的風潮是當公務員與進入大企業，職棒甚至被傳統棒球人士「道德綁架」，認為是沾染上銅錢臭味的「惡質娛樂」，不符合傳統日本的「尚武精神」。加上當時岡村都已經二十七歲，打職棒的年齡上也算是高齡，因此他對於能否打職棒，也是相當不安。

高須看到岡村相對猶豫，就用左右手比了三與二的形狀說：「三、二如何？」意思就是簽約金三千日圓、月薪兩百日圓。

原先岡村已經準備要去銀行就職，看到高須的誠意後，即刻爽快回應表示「我二、二就好了！岡村樸實地認為自己拿兩千日圓簽約金與月薪兩百日圓就好，這在現在可說是很難想像的狀況。就這樣，岡村與南海軍簽下了草約，正式成為這個新球隊的一員。

「我是武田善俊的外孫」

談完了岡村俊昭的大學生涯後，回到我尋找武田善俊生涯的過程。在寫信給武田善俊的外孫女「Misako」後，過了數十天仍未有音訊。二〇一八年五月某日，當時英國王室哈利王子（Prince Harry）與梅根・馬克爾（Meghan Markle）大婚，我受邀參加英國官方在台北市內大飯店的晚宴。會場內觥籌交錯，我卻拿著酒杯發著呆，想著何時能收到「Misako」回信。一邊看著會場的螢幕轉播外，另一邊行禮如儀地與各級官員交換名片。

就在這時，手機突然間跳出一則郵件通知，上面寫著：「我是收到您電子郵件的人，我叫前反美砂子。相信您是從花蓮慈善寺的真聞法師那裡聽來（有關我）的吧？我正是武田善俊的外孫女。我的外祖父已經去世很多年了，加上由於我的記憶不太清楚，不確定我是否能幫上忙，我也不確定是否有您想要的相關文件。但難得有這機會，我很樂意見您一面。東廣島的一間寺院，正是我外祖父的出生地。」

在會場看到訊息的我，不由得比出了個握拳振奮的姿勢，不知道事由的旁人看起來，還以為是我看到王室大婚太興奮了。我隨即拿出隨身攜帶的筆電，在會場的某處開始回信，並把去花蓮慈善寺的經過跟她說明。

美砂子於隔天回信，很歡迎我的到訪之外，並表示會盡可能提供我想知道的資料。這件事讓我大為振奮，開始一股腦兒跟L社長聯繫，希望能和出版社申請到經費再去廣島一趟。

不過這次，L社長則是對於前往廣島一事給予拒絕，他並在回信中稱：「我們必須先找到做書的資源，主要是來自公部門（譬如花蓮文化局）的補助，這個案子才有辦法繼續進行。到目前為止，我們尚未找到這些奧援，所以必須暫時停下，以後會不會繼續做，要看有怎樣的條件再決定。」文末也稱，「如果您這趟日本行是專程為這個案子而去，那恐怕要請您取消，若您還有其他任務在身，就祝您採訪順利。」

台灣出版業前景在日漸下滑，這是不爭的事實。為了做好書，很多出版社都會選擇申請國家補助計畫，這樣出書才會比較容易。然而，如果要等到事實證據充分，或是一定程度上的調查後才能申請補助寫書，對於記者性格的我來說，實在是太曠日廢時了。加上很多知道岡村俊昭的老一輩都在逐漸凋零中，如果不與時間賽跑，或許岡村俊昭的人生經歷會就此被埋沒。

收到社長的信十分鐘後，我便立刻回信，上頭寫著。

「很感謝您的回應，我想我還是必須自費去一趟。因為歷史有的時候真的不等人，想想我們談了也快兩年了，我很擔心一些老一輩會隨著時間消逝，我必須把握機會。岡村俊昭目前在台灣還是個歷史名詞，但我希望能盡力將他回復成栩栩如生的人。」

就這樣，我與出版社的聯繫就此中斷。失去奧援後，追尋岡村俊昭，就變成了我一個人的艱苦旅程。我隨即訂好去關西的廉航飛機票後，與美砂子女士約好時間，在二〇一八年六月初的時候，隻身再度前往關西機場。

第五部　東廣島

武田善俊住持壯闊一生，
與岡村俊昭在二戰期間日職十年……

照片提供：岡村家族

拜訪武田善俊後人

飛抵關西機場後，立即感受到當地初夏的宜人氣溫。在大阪待了一晚後，我在隔天一早搭乘新幹線向西前往東廣島。東廣島是個位在廣島車站東邊的新幹線小站，當我抵達時，下車的不過十來人，隨著人潮一同搭乘電扶梯往下，立即看見一位身著黑衣套裝與米色襯底衣服的女士在等人。我與她眼神交會後，女士隨即趨前來問：「是鄭先生嗎？你好，我是前反美砂子。」

我與前反女士一陣寒暄後，上了他們家所駕駛的車，車內除了她先生外還有她兒子。車子先前往一間餐廳，身著淺藍色作業服、笑容可掬的慶德寺住持武田清澄已設好午宴等待，並說：「您好，我是住持武田清澄。」禮儀之慎重，令我不由得緊張起來。

用餐時，我先說明此行的來意，送上土產後，邊吃飯邊跟他們閒話家常。用完餐，再度搭上他們的車，行駛約二十分鐘後，抵達東廣島近郊的慶德寺，這是間位在小山坡上的寺院，前方還有一條溪流，可說是鬧中取靜。住持武田清澄帶領我們一行人穿過寺院長廊，在六月的天氣中相當沁涼。武田隨後打開一間老式的和式起居室，中間有座茶几。

清澄住持指了下中央的茶几，並說：「武田善俊叔公就是在這邊出生的。」

在此先說明一下武田家的家系，武田家世代都擔任慶德寺的住持，到了第十九代的善了時正好進入西化的明治時代。善了的長男武田善照為第二十代，而武田善俊則是善照的弟弟，所以若按照輩分來排，善俊是清澄的二叔公。

一群人坐定後，由於除了我之外，大家都是親戚，彼此也是許久未見，進入一陣閒聊。接著，美砂子先是拿出一疊厚厚的資料與戶籍文件，武田清澄也拿出一些史料給我看，包括一本《平安野球部一百年史》。

武田善俊出生於一八九二年（明治二十五年）二月十二日，是家中次男，上有大姊菊見及哥哥善照，還有弟弟哲郎。

作者（右二）與武田清澄（右一）以及前反美砂子（中）家人合照。

聽武田家人所言，哥哥善照從小被培養成為寺院的接班人，個性相對嚴肅，不過弟弟善俊就相對灑脫、也比較外放。小學畢業後，家族就把善俊從東廣島送到京都的平安中學去唸書。

我在這時才突然明瞭，原來武田善俊是平安中學的畢業生，而善俊約是在這個時候開始打起棒球，並深受棒球的魅力所影響。根據美砂子所言，雖然沒有看過外公打棒球，但武田善俊生前曾有說他的位置是蹲捕手。在一九一三年（大正二年）畢業之後的一段期間，武田善俊在草創時期的平安中學當起類似總教練職位的「指導者」角色。

而就在一九一八年前後，一個改變武田善俊命運的信寄到他手上。寄信者正是來自遠方，住在台灣北部港町基隆的大姊武田菊見。

根據武田善俊戶籍記載，當年本願寺在一九一五年後，逐漸前往花蓮港的日本移民村吉野村傳教，而隨後花蓮港地區當地對於傳教的需求愈來愈大。於是乎，在基隆與花蓮港地區從事商業活動的商人岸田多一郎，便請求京都的總院批准派遣新的傳教師。而岸田的太太正是武田菊見，結婚後改姓岸田的她，想到弟弟也是傳教師，便寫信問弟弟善俊有沒有意願來到台灣傳教。

「岸田多一郎正是外務大臣岸田文雄的親戚喔。」美砂子說道。

「外務大臣？真的假的？」我驚訝喊道，當時我已經有開始去日本採訪國會選舉，雖然對日本政治只有粗略了解，但突然聽到岸田文雄的名字，不由得嚇了一跳。岸田到後來成為日本首相，站上政治巔峰，仕途平步青雲。岸田多一郎的哥哥岸田幾太郎，正是岸田文雄的曾祖父。當年岸田幾太郎也在日本統治台灣後不久就來此經商，只是幾太郎僅僅只有待幾年，一家人就轉往別處發展，倒是弟弟多一郎和光太郎等先後在台灣待了許久，並在此落地生根。

根據武田清澄所言，他的爺爺，也就是武田善俊的兄長善照，在日本統治台灣初期，曾先去台灣一趟當從軍傳教師，當時西化的日本，為了在打仗時能提振士兵精神，也和歐美國家一樣派了從軍傳教師，幫忙做心理輔導。

或許是因為哥哥先去過，加上姊姊菊見的鼓勵，讓善俊也燃起了去台灣傳教的熱情。一九一八年五月十六日，武田善俊取得補教師的證照後，七月從門司港上船，約莫一週後抵達台灣基隆、再轉船到花蓮港上岸，正式開始在花蓮的傳教工作。

有趣的是，根據湯川充雄的《臺灣野球史》，花蓮地區的棒球傳入也是在一九一七年左右，跟武田善俊移居花蓮的時間很近，因此幾乎可以大膽地說，搞不好是武田善俊帶著球具來花蓮傳教並教棒球的。

武田善俊來到花蓮港後，從一九一八年九月起開始擔任花蓮港布教所傳教師，並在一九二〇年結婚後，居住在稻住通二三九番戶，著手開始建設淨土真宗本堂。善俊不但熱心傳教外，也相當熱心公益於花蓮境內的各大小活動，對於婦人會和女子青年會等活動更是不遺餘力。

美砂子笑說：「外公很受女生們歡迎，我覺得他也很喜歡和女生交流吧，他看到女生的表情會很明顯不同，是個性格直率的人。」

其中，傳教師很重要的工作之一就是「教化蕃人」，且培養「蕃人傳教師」。因此武田善俊正是當年看到能高團的優異表現後，動心聯絡京都的總院，並在他的介紹之下陸續送了這批原住民球員前往京都平安中學唸書。

本來以為是住持想培養子弟，結果武田同時也是學長提攜學弟。可以直接說，沒有武田善俊的話，就沒有能高團的團員前往平安中學唸書一事，花蓮當地的棒球推廣可能就會更慢一些，也就不會有伊藤次郎等人在日本發光發熱。

武田善俊結婚之後，陸續養育了二男四女，長女武田博子，正是前反美砂子的母親，出生於花蓮港、就讀花蓮港女學校的博子，是個道道地地的花蓮人。博子在畢業後前往基隆投靠大姑姑岸田菊見學習，在經由相親認識在基隆中學校教書的台北帝大畢業生山口鐵雄後，兩人在一九四五年四月，當時二戰最嚴峻的狀況時結婚，當年八月日本投降，一家人才在基隆定居不久就遭到遣返，因此前反美砂子是在一家人遣返回廣島後才出生。

特別是武田善俊，在二次大戰末期已經做到花蓮港市的市議員，而且在市內也有一千兩百坪的土地，還有水田十三町、山林地十五町步，還有四棟木造建築作為出租用。夫妻待在花蓮二十九年又兩個月，近三十年的歲月都獻給花蓮港市傳教，善俊的職位也一路從「稟授五等」、一路升七個階級到「親授二等」，可說是位高權重。然而戰敗後，他們必須放棄在台灣所有的財產，只能帶些許私人物品回去。

也許是受不了打擊，善俊的太太在隔年一九四六年四月底與丈夫一起被遣返回廣島後，於七月不幸過世。此後，武田善俊被指派到幼稚園當園長，一直到一九六六年九月八日因病過世。

美砂子依舊記得，善俊外公過世的時候她才唸高中，小時候對外公的印象，就是人緣極佳、聲若宏鐘，做起佛教事務起來是中規中矩，回來廣島後也熱心參與佛教事務，也重感情，在廣島佛教界幾乎是無人不知、無人不曉。因此喪禮時也相當隆重，幾乎各界人士都來致意。

其中，晚年的善俊也有酗酒的問題，因此美砂子記得，以前她作為外孫女會去幫善俊外公的日本酒一升瓶畫線，畫到哪裡就代表外公當天「只能喝到這」，限制飲酒量。又或許是辛苦一輩子在外打拼的財產都化為烏有，善俊也是隨時保留在台灣時的各項收據，希望哪天有機會取回財產，當然這些都在未能成真下，隨著善俊逝世而變成歷史文件。

「呼！」在東廣島市親眼看到武田善俊的出生地、聆聽到他波瀾萬丈的人生，讓我不由得吐了一口大氣，同時也體認到歷史的無情。

與伊藤次郎的擦身而過

一九三九年春季時節，日本職棒的成立迎向邁入第四年的時刻。這一年聯盟打破傳統春、夏、秋分三季分開計算成績的模式，首度以一整個年度賽季計算來比賽。而春天從日本大學畢業的岡村俊昭，也在該年三月十一日，以快滿二十八歲的新人球員身分加入南海軍。

面對同期的球員大多是二十歲出頭，岡村看起來顯然是位高齡新人。而大學時期與岡村爭奪打擊王的中央大學好對手加藤正二，則是選擇效力名古屋金鯱。

先概略簡述一下南海球團的歷史，根據《南海沿線百年誌》，南海軍的球團母公司是大阪知名的私有鐵路南海鐵道。在一九三六年職棒開打後，其繁盛與受到球迷歡迎程度，讓不少鐵道公司躍躍欲試，南海也是其中之一。在一九三八年三月時，南海鐵道也以資本金十五萬日圓設立「南海野球株式會社」。

球團找來人稱「智將」的慶應大學名內野手高須一雄當總教練，隊長則是當時的明治大學畢業、爾後進入名人堂的強打者岩本義行出任，球團在首次於一九三八年秋季參賽後，只以十一勝二十六敗三和，勝率不到三成的姿態於九支球隊中淪為倒數第二。為了補強球員，南海鐵道也是想方設法，因此才由高須一雄找上岡村俊昭，開出條件拉人。

而在岡村俊昭入團之際，另一位中學時代與他有多次交手的鶴岡一人，則在同一年於法政大學畢業，同樣選擇效力南海軍。當年鶴岡所就讀的法政，是六大學聯盟的名校，大學時代的他早已經是名滿棒球圈的守備專家，華麗的姿態與幾乎零失誤的表現更被評價為「史上最強天才內野手」。然而，天生有個性的鶴岡，並未隨著當時一般人的潮流去大企業上班、加入企業球隊，而是選擇職業棒球這條路。

當時的觀念中，先有一份「職業」再打「棒球」，才是他們對職業棒球的解讀，打棒球的人應該以參加社會人的都市對抗野球大會為最高職志才對，光只打棒球當職業不只是譁眾取寵、更是如同「男藝伎」行徑，讓鶴岡一度要被法政大學校友會除名。然而鶴岡對此很堅持，認為當時日本已在戰亂中，隨時被徵兵也不奇怪，他只希望死在戰場前可以一直打棒球就好，因此決定加入南海軍。

根據後來採訪岡村子弟岡本伊三美得知，岡村當年與鶴岡同月入團後，在前往報到時，兩人於球場見到面，雙方互相打量一下之後，驚訝脫口而出，「怎麼是你這傢伙？」顯然早在中學時期彼此已有印象，雖然大學時的聯盟不同，但印象一直到了職業棒球時仍未改變。而兩人在南海軍的相遇，也替往後在執教與輔佐上的合作無間上起到關鍵作用。

進入三月十八日開幕戰後，南海即遭逢四連敗，由於新成軍的團隊體質尚未成形，讓球隊一路上仍是勝少敗多。而此時，在中國南方戰場上，大日本帝國進軍侵略之勢愈來愈大，這年春天包括隊長岩本義行、副隊長鈴木芳太郎等都被徵召去中國前線打仗，隊伍內隊長出現懸缺。

就在此時，總教練高須一雄決定指派鶴岡一人擔任隊長，即將滿二十三歲的鶴岡雖然年輕，但當時已經展現出卓越的統率力，新年球季間就擔當起重任，也替草創的隊伍增添穩定性。

這年的八月十一日，南海軍的首個正式主場——中百舌鳥球場也正式落成，這座位在大阪南部的球場，其原址已經成為社區住宅，不過仍可以看出過去球場的地勢。而就在球場開幕前的七月二十八日至三十日，球團也在這個主場與東京參議員隊率先舉辦三連戰，岡村俊昭則是擔任這球團歷史性主場開幕戰的第四棒，相當具有歷史意義。

中百舌鳥球場旁，也設置了兩人一間的球員宿舍與食堂。岡村爾後曾回憶，宿舍內吃得相當好，在嚴酷的練習結束後，能夠吃下一頓豐盛大餐，然後再前往徒步三分鐘的二十四小時開放澡堂泡澡，可說是當時草創期職棒球員的一大樂事。

而提到東京參議員隊，就不得不提岡村俊昭在平安的原住民學長伊藤次郎，伊藤是從一九三六年起球隊創立時就效力該隊，直到一九三九年離團。

一九三九年，伊藤出賽五場，投了十五又三分之二局，但調查相關數據後，並沒有發現岡村俊昭與伊藤次郎兩人的對戰紀錄，若兩人當時留下對戰紀錄，那將會是日本職棒賽場上首次的台灣原住民夢幻對決。可惜此景無法實現，岡村與伊藤擦身而過。參議員隊在這年增加超級新人野口二郎後，快三十歲的伊藤次郎逐漸不受重用，在這一年留下零勝成績，就此消失於日本職棒賽場。

而回到岡村俊昭，儘管在開季後逐漸適應職業棒球步調。岡村在生涯首年的單季九十六場賽事中也出賽八十八場，留下三百零四打數、七十四支安打與三十八分打點紀錄。不過打擊率僅為〇．二四三，也吞下五十四次三振，顯示在進入職棒後，岡村的適應上確實出現一些起伏。南海軍也以四十勝五十敗六和的成績收尾，但對比上個賽季來說，已經相對進步些。

生平唯一一次的出國「滿洲國」

進入一九四〇年後，原先說不想留下遺憾而選擇加入職棒的鶴岡一人，也真的在新年後接到兵單，在二月一日這天於熊本縣昭倉郡的高射炮連隊入伍。至此，南海軍又少了隊長來迎接開季，隨著戰局持續惡化，愈來愈多職業棒球選手開始接受徵召。南海軍這一年除了鶴岡外，又有多名同袍披上戰袍；有的不想被徵召的，則是選擇在某間大學的夜間部放了學籍，以學生身分暫時免於徵召。

與此同時，先前在一九三八年一月十日被徵召前往中國打仗的澤村榮治，則是在一九四〇年四月九日時被正式解除徵召，回到三重縣宇治山田的老家休息。當時日本的報紙對此大加宣傳，更稱他是「榮譽中彈」後回歸，讀賣巨人則是緊急與其接洽，希望他回來效力。

澤村沒有忘記對職棒的熱情，在老家自主訓練近兩個月後，立即於六月四日的甲子園比賽中回歸，而這一場比賽正是面對南海軍，岡村俊昭與澤村榮治在職棒的首次對戰在此上演。

九局的投球中，澤村被敲出九安打、投出四個保送、三次三振與一失分，以戰場回歸的選手表現來說相當不錯。而岡村俊昭與澤村對戰，則是二打數無安打、不過選到兩次保送。

然而此時，澤村因為投擲過多手榴彈而受傷的右肩已無法負荷，從上肩投球變成側投，過往球速減退外，也只能變成以求控球為主的投手。雖然歷經傷痛，澤村還是在七月六日對戰名古屋軍時，投出生涯第三度無安打比賽。

而這一年，正逢大日本皇紀兩千六百年紀念，同時也是日本扶植的中國東北「滿洲國」政權建立十週年。因此，在當時日本軍部內閣的「興亞」方針之下，日本體育界也擬定興亞戰略，其中一環就是讓大相撲和職棒也去滿洲國交流，促成「日滿友好」形象。

為了前往滿洲，聯盟也在春季賽事告一段落後，六月開始進行滿洲國的出國手續。由於當時二戰的中國戰場已經相當緊張，東北的滿洲國雖然距離戰場仍有段距離，但是一行一百八十五人前往當地，光是船票訂購、出口手續申請還有球具輸送等就相當費時。球員們還陸續被安排到東京的後樂園球場打了三到四劑疫苗，避免感染鼠疫及霍亂等後才能出國。

與此同時，日本軍部內閣也在六月下旬至七月中旬間，邀請「滿洲國康德皇帝」溥儀來日本訪問，創造出「日滿一體」的形象。日本職棒一行人於七月二十六日，搭乘「吉林丸」從神戶港出發後，於二十九日抵達大連，並在一個月內接連於奉天（瀋陽）、大連、新京（長春）、鞍山等地舉行共七十二場比賽。除了正規賽，各球團還分批開拔到撫順、安東、吉林、錦縣、哈爾濱等地舉辦十八場交流賽，從南到北的爭戰超過十萬餘公里，宛如日職版的十萬里長征。

身為職業球員岡村俊昭和另外一位來自高雄橋頭、效力巨人隊的吳昌征，自然也參與了這次的系列賽，成為唯二參戰的台灣人。而且嚴格說起來，這場滿洲聯盟戰也是岡村俊昭生涯唯一一次「出國」。他從首戰的八月二日開始，幾乎無役不與，一直到八月二十三日為止，一共五十九打數敲出二十一安打，〇．三五六的打擊率還一度被「誤認」為打擊王。

為何說是誤認？原來是當年《讀賣新聞》在報導時，因為手抄的關係出現誤植，將金鯱隊的強打濃人涉安打少算一支，後來隔天體育版才刊登濃人以六十三打數、二十三安打與三十二壘打，打擊率〇．三六五之姿榮登打擊王。在現在隨時都用數位化電腦更新數據的年代，當時的手抄計算出了差錯，大概也是在所難免，岡村只能屈居滿洲聯盟戰打擊王亞軍。

這年賽季，岡村三百一十一個打數，敲出六十七支安打，留下〇．二一五的低打擊率。但滿洲的一個月就讓岡村敲出近三分之一安打，岡村可說是會在異地打擊爆發「人來瘋」的性格選手。

而在從滿洲國回來後，聯盟也開始強化對歐美的警戒，規定賽場不得出現英文用語。這年十月，日本軍部內閣統合所有政黨，改稱「大政翼贊會」，至此日本也失去了名義上的民主選舉，大政翼贊會高層也特地前來日本職棒「精神訓話」，要求職棒也要愛國，日本與歐美的正式決裂已然不遠了。

與澤村榮治的最後對戰

一九四一年後，日本在中國的戰場已經打了四年，原先的閃電戰已然變成了持久戰，日本本地的資源調度也逐漸開始吃緊，對於職業棒球亦是如此。原先的九隊因為東京參議員與名古屋金鯱兩隊選手陸續赴戰場，導致人力不足合併、其他球團也因為徵召問題不得不精簡人力，南海則是從賽季開始幾乎只靠兩位先發輪流上陣來比賽。

而在當時，聯盟原先也有計畫於夏季後半時再度前往滿洲打聯賽。不過在六月二十二日，當時的納粹德國對蘇聯發動巴巴羅薩作戰後，歐洲戰局突然陷入緊張態勢，駐紮在中國東北的關東軍，也在七月後發動「關東軍特種演習」，開始大量地從日本本土調動資材前往滿洲，當時軍部採取戒嚴，一切的國內私人移動都被禁止，最後滿洲聯盟戰只能無疾而終，夏季聯賽移回國內開打。

南海軍在春、夏兩季賽事，分別拿下十二勝十六敗。而在八月二日時，巨人的澤村榮治再度於神戶西宮球場與南海軍對戰，而這場比賽澤村也再度對決岡村俊昭。岡村雖然扛起中心打線，但是整場四打數無安打作收，這場比賽也是岡村與澤村在職棒生涯的最後對戰。

而一九四一這個賽季，或許也是澤村棒球生涯最幸福的時刻，他在這年五月結婚，但澤村隨後再於十月被二度徵召入營，等十二月前往菲律賓的民答那峨島時，日軍已經偷襲夏威夷的珍珠港，太平洋戰爭正式爆發。

不過隨後的一九四一至四三年賽季的三年，岡村俊昭始終在職棒賽場上沒有太多突出表現，打擊率在兩成左右，嚴格來說已經不是中學與大學時期人稱的「強打者」，或許是他的右手脫臼問題未能改善，也或許是右打改成左打後，面對職業賽場終究有其局限性。其中，岡村俊昭也持續目送許多隊友前往戰場，內心的煎熬可想而知。

然而在一九四三年時，岡村俊昭卻也迎來人生大事——結婚。他與前寄宿家庭的女兒村上重代，在京都的家中正式完婚。根據女兒八重跟我回憶，以前的家中還掛有父母親結婚時的合照。約於一九二二年出生的太太重代，當時年方十九歲，兩人結婚後持續住在京都家中，而隨後太太重代也懷孕，岡村俊昭即將初為人父。

同樣在一九四三年，二度徵召的澤村榮治歷經菲律賓九死一生的戰爭經驗後，再度回到日本加入巨人隊。只是戰爭的經歷已經讓澤村的手臂無法施展，就算是側投也無法施展球威，控球整個亂掉，最終這年在巨人留下零勝四敗，防禦率十・六四的成績。而另一方面，同隊的隊友吳昌征，卻在這年迎來生涯的巔峰，以兩百九十七打數、八十九支打，三成打擊率，並靠著優異選球能力選出八十五個保送，拿下全聯盟的最有價值球員，兩者際遇可說是大不相同。

和隊友們的生離死別

一九四四年元旦，岡村俊昭的長女文誕生。

只是，岡村迎來了當父親的喜悅，卻也面對更多的隊友遠赴戰場。此時日本在二戰局勢來到最混亂的時刻，在中國與太平洋的戰場已經開始大不如前，聯盟召開會議，要求選手們要開始幫忙從事「軍事生產」，並禁止選手轉到其他隊、也要求選手移動都要經過聯盟同意。

因為戰時緊急配置，南海軍母公司南海鐵道與其他公司合併，改稱近畿日本軍，全隊僅剩下十四人，有時連完整的先發陣容都無法排出。全聯盟春天七十四名、夏天七十七名球員，到了秋天已經連隊伍都無法組成，最後決定延期比賽。

然而，或許正是台灣俚語說的「娶某前，生子後」，岡村俊昭的成績在這年也迎來大爆發。縱使在戰局吃緊的這年，聯盟比賽不多，他仍以出賽三十五場，一百三十個打數敲出四十八支安打，打擊率〇・三六九的成績拿下聯盟打擊王，也是繼吳昌征在一九四二、四三年後，台灣人再度拿下打擊王的殊榮。不過當時因為戰局關係，很多好選手都被徵召從軍，這個成績也到了很久之後才被聯盟承認。

戰局來到最嚴峻的情況，秋季聯賽打不成後，近畿日本軍也暫時解散，球員們被指派到南海鐵道的工廠工作，只能在工作之餘短暫練球，當時的工廠雖然開工前都會高呼「必勝」，然而實質上，已經瀰漫著一股不祥氣氛。

根據已故記者鈴木明所撰寫的書中，當時日職的關西支部長小島善平曾跟岡村俊昭說：「這場戰爭不會贏了……」而跟小島說這話的，是數年前在京都車站前碰到的前《朝日新聞》記者尾崎秀實，尾崎當時並說，「現在再不停止戰爭的話，日本就會變成廢墟了。」

隨後，尾崎秀實在一九四一年十月中因為佐爾格（Richard Sorge）間諜案而遭逮捕，並被判處死刑，在一九四四年十一月七日與佐爾格一同被絞死。雖然已無法證實小島善平是否真的遇到尾崎、並跟岡村轉述上述內容，但還是增添了幾分傳奇性。

更感傷的是，前線陸續傳出南海隊友戰死消息，包括國久松一、政野岩夫、納家米吉與鬼頭數雄等多人戰死沙場。其中，平安中學的後輩天川清三郎亦是，天川是一九三八年平安中學奪冠的王牌投手，由於岡村在一九三八年至一九四一年時曾指導過平安中學，因此嚴格來說，天川也是岡村帶出來的子弟兵。天川於一九三九年加入南海兩年後，於一九四一年被徵召，一九四四年十月底在菲律賓萊特島迎戰美軍時，頭部中彈貫穿而死，年僅二十四歲。

而岡村中學時代的好對手澤村榮治，在一九四三年後因為表現不佳而遭到解僱，返回太太老家附近的工廠上班，就此放棄棒球生涯。在一九四四年十月第三度遭到徵召，於十二月二月搭乘軍隊輸送船出海時，於鹿兒島南方屋久島至台灣海域之間遭到美軍擊沉，得年二十七歲，一代巨投就此於海上消逝。

其實岡村俊昭入團後，澤村與南海對戰僅拿下兩勝一敗而已，其中綜觀岡村與澤村兩人生涯的對戰紀錄，只有少少的六打數無安打與兩次保送。不過對於岡村來說，澤村是他一生中敬重的對手。根據岡村的女兒八重對筆者自述，「父親在生前對於澤村榮治的過世仍感到十分惋惜，曾說：『好想再跟他對戰一次。』」

而南海軍除了岡村以外，其他沒有一位創始隊友能夠完整地打到一九四四年賽季，不是被徵召入伍，更慘的就是戰死。當時台灣籍的岡村俊昭，因為身分問題，仍未名列到徵兵名單中，八重也說，父親生前回憶那時曾言：「真的很痛苦，乾脆也把我送到戰場去算了。」

縱使迎接剛出生不久的長女，但歷經多次生離死別，也讓岡村的精神壓力瀕臨極限。

二戰後的首任隊長

進入一九四五年後，戰局已對日本相當不利，不只中國戰場節節敗退外，太平洋戰爭也大幅失利，先前在東南亞及太平洋占領的各大島嶼也被美軍陸續收回。糧食與能源都相當不足下，美軍從一九四四年底以來陸續開始空襲日本本土，日軍已經大抵有在本土決戰的覺悟。日本職棒除了照例舉辦新春職棒大會外，隨後就再也沒有賽事。等到六月沖繩縣全境被美軍占領後，美軍開始進逼日本本土，並在八月時於廣島和長崎接連投下原子彈。

最終，日本天皇在八月十五日接受《波茨坦宣言》（Potsdam Declaration）投降。投降後，美軍開始進駐日本各地，當中也包括日本各大球場，也包含日本人的聖地甲子園棒球場。當時的甲子園球場，在轉隊到阪神虎、前嘉義農林校友吳昌征的「細心照料」下，變成提供各種農作物的用地。

而南海鐵道的中百舌鳥球場，在美軍接收時則是堆滿了各種來不及用的軍需品，二戰末期以「南海土建」社員身分工作的岡村俊昭，成為少數見證這個球場被接收的南海現役球員。

不知道是幸也好、不幸也好，岡村俊昭與吳昌征，因為台灣籍的緣故，直到最後一刻都沒有被徵召入伍。只不過，岡村位於花蓮港老家的原住民們，就沒這麼幸運了，許多台灣人，不論各種民族，在一九四二年起陸續接到徵召令。而原住民族們則是許多先以「高砂義勇隊」身分前往南洋等地作戰，不少英靈就這樣葬身南方戰場。

日本投降同時，在鹿兒島知覽基地服役的鶴岡一人，已經進入軍旅生涯第六年。天皇宣布投降時，他已經晉升到中隊長，統帥兩百至三百人的連隊。收到投降命令後，鶴岡先是負責跟美軍投降交接的作業，要求自己的士兵交出軍刀、私有物品等一連串雜項後，於九月五日返回廣島老家。

等到約十月時，鶴岡接到前東家南海軍的電報，詢問他願不願意來大阪一趟，商討職棒復興一事，鶴岡二話不說，收拾軍用行囊後往大阪而去。而就在同時，岡村俊昭也在京都老家接到同樣電報，同樣趕赴大阪。

戰後的經濟百廢待興，鶴岡再經由十幾小時轉車後來到大阪，看到荒蕪的市區，心情甚感衝擊。再度回到球團位於難波的事務所後，看到當時已經兼任球團經理的富永嘉郎。

富永同為從戰地歸還的人，看到鶴岡一人身穿軍服，擺脫不了軍人味冷酷地說了一句「好久不見啊」的同時，富永內心難掩激動地歡迎他歸來。

鶴岡一人的六年服役生涯中，其實並沒有前往戰地，而是在九州各地移防，負責訓練士兵，他後來曾自述自己的領導能力，就是在服役生涯大幅進化。當中，鶴岡一人還在這時結了婚，並有了小孩，跟前往戰地的同袍相比，他算是相對幸運得多。

經由一番討論後，南海鐵道公司決定希望三十歲的他能接任總教練，並負責二戰後的球隊重建作業。鶴岡起初有點推辭，但最後在盛情難卻下決定接任，同時他也指派，將二戰後的球隊隊長一職交給岡村俊昭，富永嘉郎則是正式成為球團經理。

自從二戰爆發以來，岡村俊昭目睹許多隊友離開，接獲戰死消息等。雖然一直沒有被徵兵離開隊伍，然而他仍持續堅守在南海鐵道公司旗下，因此南海軍的球員狀況，岡村自然是比誰都還了解，也成為他擔任隊長的重要因素。

在眾多人士的奔走之下，日本職棒聯盟決定二戰結束後不久的十一月二十三日，舉辦東西軍的對抗賽。而岡村俊昭也在十一月初時，接到聯盟的通知，希望他替職棒復興盡一份心力。那時在京都協助平安中學棒球復興的岡村，自然也是義不容辭，在這場比賽中，岡村擔任西軍先發第七棒右外野手，吳昌征則是擔任西軍的第一棒打者，兩位台灣球星首次實現同隊。岡村並在四打數中敲出二支安打，跑回二分，並選到一次四壞球。

在明治神宮外院球場全場六千人的鼓掌歡聲下，日本職棒迎來了二戰後復興的契機，岡村也在這歷史性的畫面中占了一角。

二戰末期，南海軍先曾更名為近畿日本軍，在二戰後隊伍則更名「近畿 Great Ring」

重新出發。該詞原本是指鐵路「巨輪」之意，不過該名稱隨後就遭到抗議，認為「Great Ring」有暗指女生性器官的貶稱，後來在一九四七年經由南海鐵道集團社員投票後，決定以「Hawks」鷹為名，一九四七年時正式更名「南海鷹」球團。在鶴岡一人將士用命的帶領下，一九四六年球團先是在二戰後首個新賽季，以六十五勝三十八敗二和，〇．六三一的勝率拿下冠軍。這個冠軍，對於南海球團在二戰後的重建起了很大效用。

鶴岡一人後來在書中曾回憶，一九四六年獲勝時，找不到酒慶祝，因為當時酒精都是美軍管制，因此鶴岡拜託在通商產業省工作的哥哥，疏通來四瓶藥用酒精。剛買來的藥用酒精臭味刺鼻，必須要用香料等加以稀釋，等到臭味變淡後，一行人才用藥用酒精乾杯，岡村俊昭自然也在慶祝的行列中。喝藥用酒精一不慎可是隨時會出事，但這段回憶也凸顯了當時物資的困難。

尤其是二戰後，日本興起大量的黑市交易，當中也包括違法賭博攤位。這些賭博攤位什麼都賭，最終也把腦筋動到各級棒球聯賽，贏了錢一本萬利、輸了錢捲鋪蓋走人等，在這幾年不斷發生。黑市還可以提供大量舶來品，奇貨可居下，連當時的職棒球員也成為被收買的主角。

鶴岡記得，當時選手兼任總教練的他守三壘，但都要盯緊二壘和游擊，深怕他們「出亂子」想操控比賽。而南海當時也被傳出中外野手有收錢的嫌疑，而擔任右外野的岡村，想必也是擔任監視的責任。久而久之，鶴岡與岡村間的默契與信任也愈來愈好。

岡村的二女兒八重，也在一九四七年出生，他的家庭責任也更重了。只不過岡村的職業棒球生涯成績在三十五歲後也持續走下坡，一九四七年至四八年的打擊成績仍無太大起色。雖然身為南海隊長，他的命令是一呼百應，只是二戰後在外地服役的前職棒球員陸續歸來，加上新秀不斷湧進，岡村確實在身體素質上達到一定的負荷。一九四八年十二月二十四日時，日本職棒特別針對生涯打滿十年的十四位選手進行表揚，岡村俊昭即是其中一位。官方除了致贈每位選手表揚金兩萬日幣外，還打造了一面銀牌，可以當作生涯免費入場看球的紀念券，球團還另外加碼十萬日幣的生涯功勞獎金，可說是替他的職棒生涯做了美好註解。

三原巴頭事件「觸發者」

而在最後的一九四九年，岡村俊昭迎來職棒生涯的最後一年，而這年有件撼動職棒圈的「三原巴頭事件」，當時的南海鷹與讀賣巨人發生史無前例的球場大群架，一度成為社會事件。而當時巨人隊總教練三原脩，一巴掌往南海鷹捕手筒井敬三頭上巴下去，更成為日本職棒史的黑點。

事件起因在當年四月十二日至十四日的三連戰，早在前二戰時，兩隊就因為跑壘爭議等已經發生嫌隙。等到第三戰時，原先巨人隊一直以四比零領先，然而到了九局上半，南海鷹先是靠著飯田德治陽春全壘打後，再加上捕手筒井敬三的兩分打點一壘安打等三安打一口氣追回三分，只剩下一分差距。

此時是無人出局一壘有筒井在壘上的好時機，鶴岡一人向岡村示意，要他上去代打。岡村接到命令後，拎了棒子走向打擊區。

「鏘！」岡村將球打向一壘滾地，一壘手川上哲治接到球後，原先希望製造雙殺，因此立刻將球先傳往二壘給補位的游擊手白石勝巳封殺筒井，白石再準備轉傳一壘刺殺岡村俊昭。只不過當下川上雖然順利將球傳給白石完成封殺，但當筒井滑向二壘時，卻跟準備傳球的白石發生碰撞，使得白石無法傳向一壘完成雙殺。

「你這傢伙在幹什麼？」當下白石相當生氣，認為筒井有妨礙守備嫌疑，大吼罵了筒井一聲。

而筒井當下被這麼一罵，也大聲回：「怎樣啦？」

兩人開始在場上爭論，在板凳區的三原脩則是先衝去二壘和壘審津田四郎抗議，不過津田在考慮過後，並不認為筒井有妨礙守備的嫌疑。三原對此相當不能諒解，看到白石與筒井仍在爭論，一時忍不住就從後方直接往筒井的頭上巴下去，大吼：「你給我差不多一點！」而這一巴頭，立刻讓兩隊的板凳區全部清空，雙方球員一擁而上，南海鷹的球員安井龜和更是直接拿起球棒就往投手丘上衝。

岡村俊昭原先只是代打，想不到卻意外地招來當時日本職棒史上第一次打群架，人也整個往投手丘上走，在當時的新聞中，可以看到他在投手丘上拉住人的畫面。

最後爭執進行十多分鐘，整場比賽在極度爭議的情況下，打完最後的比賽。巨人以四比三擊敗南海，雙方不歡而散。而在隔天，三原則是被聯盟判處無限期禁賽（爾後改判為一百天禁賽）。

經過這一役後，時年已經三十七歲的岡村，確實已經要考慮選手生涯之後的生活。事實上，岡村這一年也只有八個打數而已，「三原巴頭事件」則是占了其中一個打席。加上長女文準備就讀小學、次女八重要進幼稚園，兒子成治即將要出生，就現實面來說，岡村確實需要一份更穩定的工作來養活一家人。而在這季後，岡村決定從球員身分掛靴，以新的位置——首位南海二軍總教練身分，開始新的棒球生涯。

武田善俊最後生涯巡禮

回到在東廣島尋找武田善俊的一生，於慶德寺聊了幾小時後，我有種彷彿變成武田家族一員的感覺，話題也開始從武田善俊、岡村俊昭，變成開始聊各種近況和廣島鯉魚隊的成績。席間，清澄住持提議要不要去武田善俊生前最後工作的幼稚園看看，於是我們一行人兩部汽車，往廣島市區的別院前進。

一行人在經由幼稚園方許可下於園內散步時，正好看到遠方就是廣島崇德高校，這所同樣隸屬西本願寺旗下的學校，現今也是棒球強校。

此時清澄住持指著遠方緩緩開口道：「其實我們這邊淨土真宗的，過往都是唸那所高校。但就是善俊叔公不一樣，被送到京都平安。這樣看來，做出這個決定的第十九代善了，當時應該是很有遠見的吧。」

確實如同清澄住持所言，如果當初善俊沒有去平安唸書，可能很多事都會不同，甚至花蓮棒球歷史也就改變了也說不定。

只是，還有一項問題無法解明，就是武田善俊跟岡村俊昭是否有直接認識，因為從各種跡象看起來，沒有辦法證明岡村俊昭待過能高團，也不太確定武田善俊是否真的是介紹岡村俊昭前往京都的人。

而在閒聊之餘，大家提起岡村俊昭時，武田清澄也突然開口問說：「為什麼他會姓岡村？」

「這個我也很想解明真相。」我回答之餘，並跟他們說了岡村俊昭也有個漢名葉天送。清澄住持低頭思考一下，回說：「我也想了想，是不是叔公給他取名的？」

「應該是吧？」我歪了一下頭後接話。

「對啊，那時不是日本名字，來這邊唸書會比較困難，我想可能是這樣也說不定。當時來到日本時，他又是怎樣渡過的呢？」

面對這個我也無法解答的問題，當場的氣氛有點沉默下來。寧靜一會兒後，清澄又緩緩開口說道：「其實我蠻感動的，這位岡村也是甲子園中心打者，相當努力，還從澤村榮治手中轟出場外全壘打，相當不簡單。叔公也是一個人跑到台灣，又那麼努力想要推薦當地人進入母校，這種熱情還是很難得呢。」

初次見面卻對我真誠以待，一封寄出電子郵件，卻獲得意想不到的效果。對於善俊的外孫女美砂子一家人、還有清澄住持一家人，我只有充滿感激，晚餐在他們招待廣島煎餅下，讓我感受到當地人的熱情，在不捨中跟他們道別，回到大阪的旅館。

我在武田家中翻閱《平安野球部一百年史》，也對此產生興趣，因此在回台前，我又借道京都與永井教授會合，並一同採訪了岡村女兒八重。我則是在訪問中，提起那張我相當有興趣，疑似與台灣原住民合照的照片，但八重只說：「那個合照的聚會事後我問過媽媽，媽媽說他們好像是台灣當地教會的人。我當時是看到父親很高興、還跟他們一起唱歌。」不過是什麼語言、什麼歌曲，八重完全不知道。

隨後，我和永井教授再度請求端詳一下岡村生前的行李箱。而這次我們在行李箱中，發現裡面夾著一張明信片。是一九三三年岡村俊昭參加甲子園時官方給的明信片，翻開後面，上頭寫著「Center S. Okamura」與漢字「岡村俊昭」。

「好漂亮的字跡啊！」我喃喃自語。

「Shunsho？」在一旁的永井教授不經意地用日文音讀念出「俊昭」。如果根據音讀來看，俊昭的念法確實是如此，不過我們所知道的資料中，俊昭的念法都是訓讀的「Toshiaki」。因此當時為何會變成「S」，也成為一個謎。

雖然大致上採訪的內容仍大同小異，但仍是獲得不少對於岡村回憶的新資料。我跟永井教授離開八重家後，再度一起前往平安中學拜會，表明來意後與校方接待下，也買了一本《平安野球部一百年史》回去參考。

第六部　中之島

退下球員身分，
岡村俊昭轉職教練，培養棒球人才……

照片提供：岡村家族

「恩師啊！恩師！」

結束了東廣島的武田家族採訪，我回到台灣持續耕耘新聞業的工作中。約莫過了八月後，台灣的地方大選開始如火如荼進展，雖然忙得不可開交，但我仍定期與永井教授保持聯絡，其中有關岡村俊昭的教練經歷，也是我所關注的。

根據過去網路資料，岡村俊昭曾擔任南海二軍的總教練。如果資料正確的話，岡村也是第一位執教二軍的台灣身分球員，可說是非同小可。因此，要如何正確理解他在過去的執教經歷與風格，變成相當重要的事。

不過，之前詢問岡村俊昭的女兒八重時，她曾表示當時還在唸小學，對於父親的印象大多是「很早就出門上班了，然後又很晚才回家」。加上岡村在家裡的形象是父親，跟工作時的教練形象還是有很大出入。

因此，要了解岡村俊昭當年是何種教練，最直接的方法是找當年他所帶的子弟兵，不過上網查了當時的資料，大多數的二軍球員不有名、沒沒無聞，或是多已不在人世。經過一番搜索，以及永井教授介紹下，我們聯繫上了南海鷹前傳奇球員岡本伊三美，願意談談他心目中的岡村俊昭。

二〇一八年十月中，我又再度搭機前往大阪。在北部高級商業區「中之島」的高級飯店沙龍裡，我與永井教授站得挺直，等待岡本伊三美的現身。穿著一襲淡灰色西裝的他，步履蹣跚出現，但姿態優雅，十足是位老紳士。岡本靜靜地向我遞出他的名片，當時他擔任全國野球振興會的顧問。

而在日後，我也有幸在大阪另一間飯店採訪了另一位南海鷹的重要人物，也是同為前二軍球員、後來榮升到球團廣報部長退休的梶田睦。並且透過當時的報紙、雜誌等，逐漸拼湊出當時的樣貌，盡力還原教練樣貌的岡村俊昭。

談起岡本伊三美，老一輩的南海鷹球迷可說是如數家珍。一九三一年出生的他，生涯敲出一千零一十八支安打外、也有一百二十五轟，也在一九五三年拿下聯盟打擊王與最有價值球員，可說是建立早年「南海王朝」的關鍵人物。退休之後擔任包括南海在內多支球隊的教練、一軍與二軍總教練，晚年時依舊活躍在一線的電視台擔任球評，再於全國野球振興會擔任要職，可說是至今仍居於棒球推廣的第一線。

待我與永井教授、岡本伊三美先生坐定後，我拿出手機錄音。一陣寒暄之後，我開口問岡本：「請問岡村先生對您來說是什麼樣的存在？」

「恩師啊！恩師！」岡本突然高聲回應。

「啊，是這樣子嗎？」我驚訝地反應。

首次正式的二軍球員選拔

回到一九四九年九月五日，這天南海鷹舉行新人選考，中百舌鳥球場湧進六百多位各路棒球英雄好漢，包括一軍總教練鶴岡一人與首任二軍總教練岡村俊昭、助理教練木村一治等人皆在場邊擔任主考官，準備進行職棒首次的二軍球員選拔。

說到日本職棒的二軍，正式的成立起源與由來已經很難考證。但其實早在一九四八年七月左右，日本報紙就有刊載二軍比賽紀錄，當時是報導金星二軍對上急映二軍，「急映」應該可以推估是東急和大映兩支球團各出人力組成的球隊。

二軍說法也沒有統一，有「小聯盟」、「農場」、「二軍」等。直到一九四九年五月左右時，報紙上都有二軍比賽紀錄。

等到當年夏季後，包括阪神、阪急、大洋等球團都決定擴增二軍，南海鷹球團也決定擴大編制，開始大量招募測試生。當年沒有選秀制度，因此球團也在報紙上刊登招募廣告，表定秋季測試，九月先進行初試後、十一月再進行複試。

當年職棒沒有選秀制度外，測試方式也很陽春。一群選手被叫到中百舌鳥球場，各自被叫去做一系列檢查後，分批做傳接球、短跑等測試。跑步以選手兩兩一起測試，跑較慢的那位就自動被刷掉，遠投亦是如此。

當這些還有學生氣息的小伙子們在一旁奮力表現時，身邊總有一雙銳利的雙眼在盯著，那人正是時年三十七歲的岡村俊昭。他雙手抱胸，一邊不停地揣摩這些即將畢業的社會新鮮人，一邊拿出筆記來記錄，看看是否有可造之材。

在一陣練習後，岡村俊昭遴選了十六人左右，並把他們都叫來前面，像是軍隊報數般地一一唸出他們的名字，隨後開始指揮這些球員「你去守內野」、「你去蹲捕手」、「去當投手」。

後來看他們練了一陣子後，岡村再走到某人前，半開玩笑地對他說：「你好像不太能投、還是去蹲捕吧！」就這樣不斷變換守備組合。

時年十八歲的岡本伊三美，也在當時的陣容中。剛從京都的洛陽工業高校畢業的岡本，本來學生時代是打籃球的，後來某天午休時觀看棒球隊練習，因為個子高的關係就被學長拉進去棒球隊。

當初岡本跟學長只說：「那我只打一年喔！」想不到一打就站穩先發，最後還意外成為他的終身職業。

岡本說到：「後來南海的中谷（信夫）來看洛陽工的比賽，正好我打安打，他就回去和南海推薦我的樣子。」他回憶對話大概是，「如果可以的話來南海測試看看吧。」他自己則說：「我本來想說進不去的，測試時都沒打出安打。」

不過在經由一陣測試與練習後，岡村走來跟岡本說：「那個岡本、田中（一朗），明天起可以過來（球隊報到）了。」讓他相當驚訝。因此，岡本是第一批南海二軍的「一期生」，也是當時剛從一軍退下來、擔任二軍總教練的岡村俊昭的首批弟子。

岡本對我回憶表示，由於他是京都人的關係，自小就聽過平安中學的大名，一知道二軍總教練是來自平安，不由得有種「哇，這個教練是平安的耶」的想法。

正式加入二軍後，有天岡村打量下岡本，看了下岡本簡歷後問他：「你也是京都人啊？你住京都哪邊啊？」

「戎馬場町。」年輕的岡本高聲回應。

「喔，那和我家很近啊！」岡村挑了個眉，有點驚訝地回應，這段談話成為岡本與「岡村師傅」的剛開始相識時難忘的回憶。

在當時制度不健全下進入南海二軍，所面臨的艱苦自然非比尋常。岡本說到，當時一行人住在中百舌鳥的集體宿舍，走十分鐘就可以到球場，大家各自有房間，「但二軍就是很辛苦，都只能在食堂內吃飯，而且從早上十點到下午五點為止都不能吃東西，就是拼命練。吃過合宿所的早飯後就開始練習」。

岡村在一九四九年球季中期後，從資深球員退下，慢慢開始接掌二軍總教練的位置。當時的岡村也處在學習帶領球員的階段，時不時就會更換守備位置，有時投手投完一場後隔天還會化身成為捕手。

就在這樣半測試的情況下，南海二軍先在十一月初開拔到東京後樂園參加《讀賣新聞》舉辦的大陽、阪急、巨人、南海等四球團二軍盃賽。當時只有短短兩天賽程，南海則是先贏巨人一場後，最後在隔天冠軍戰輸給大陽羅賓。

而在隨後十一月底，同樣的二軍盃賽再度於關西的神戶西宮球場舉辦，而這次南海則是準備不足，連輸兩場給大陽、巨人後，落到墊底的第四名。而就在同一時間，日本職棒通過決議，今後將分為太平洋和中央兩個聯盟，並且二軍將正式制度化，新的兩聯盟時代正式起跑。

首位捧冠的二軍教練岡村

而另一位我訪問的前二軍球員梶田睦，則是在一九五〇年一月時以球員身分加入南海鷹、後來轉任球團經理後直到退休。一九三一年出生於大阪市區南部的住吉的梶田，小學畢業後，日本正於二次大戰戰場陷入困境。

二戰結束後，梶田被編入住吉商業高校唸書，持續打棒球並擔任第四棒隊長。南海二軍的中百舌鳥球場跟住吉距離相當近，加上過去鶴岡等有事沒事就會來看住吉商業練球，並跟校長建立一定程度的信賴。梶田記得從高二起就認識鶴岡，曾經還被他精神訓話過。

一九五〇年一月，在梶田準備從住吉商業畢業前，學生們開始決定要去哪就職。這時校長跑來找梶田，問他有沒有興趣打職棒，南海二軍正在找人。

原先還在煩惱就職的梶田，一聽到有棒球可以打，就欣然應允。不過根據梶田回憶，他並未參加什麼公開招募，有點算是被介紹進去，這或許也是當年尚未有選秀制度下的趣事。

梶田回憶起當年訓練艱辛亦是如此，不過相對好的是，梶田可以從自家的住吉通勤到球場，也算是個特例。

「那時在中百舌鳥吧，春訓時一軍是十點開始，所以二軍八點要先開始練習，然後趕快幫忙整理球場給一軍練習。」梶田回憶。

提到岡村，岡本與梶田兩人不約而同的想法就是岡村「很嚴厲」，岡村與一軍總教練鶴岡一人可說是「魚幫水、水幫魚」的關係。自兩人從球員退下後，在執教理念與價值觀上也都不謀而合。鶴岡一人過去有句名言叫：「錢會灑在球場上。」意即只要努力打球，觀眾和球團自然會給球員賞賜。

岡本記得過去就聽鶴岡說過：「坐在球場觀眾席的，才是付你們薪水的人喔！沒有觀眾入場，你們就什麼都不是！」同樣的話語岡村也常常使用，他記得岡村一邊看大家練習時會高喊：「你們這群人是職業的吧？以後要不要做生意啊？」岡村凶起來銳利如鷹，讓許多小球員都把皮繃緊。

岡本自認，「我第一年加入球隊時打得不是很好，常常被三振，後來第二年開始練打外角。」並說這樣的改變也是來自於岡村的教導。岡村認為岡本的揮棒過高，因此不斷調整他的姿勢，「他要我揮棒低點，有時像打高爾夫那樣。」

此外，岡村也要求球員們要自己替自己做筆記，知道對手會投什麼球路外，更要熟悉自己的弱點。岡本說：「有些教練會希望選手各種球路都能打得適應，但他是與其如此，不如先專精一個宮格，再去開發其他宮格的教練。」

二軍日子太辛苦，有一陣子練習完全沒有休假過，岡本回憶，「二軍沒有特定休假日，因為一直沒有下雨，所以我們就一直練，有一次連續二十天一直練球，我們都練到有種『拜託快下雨吧』的那種累。」

有天忽然下雨了，二軍球員非常高興，因為下雨的話表定是當天要休息。球隊經理也傳達休息後，二軍球員就先收球具回宿舍了。後來到球場的岡村俊昭非常火大，大吼說：「就只有這樣的雨還不練習，真沒精神。」還跟鶴岡一人表示，「二軍這種態度，解散算了！」

後來鶴岡聽聞後，要求這些二軍球員剃光頭後，一一回去跟岡村道歉，事情才算平息。從這裡也可看出岡村對於二軍練習一絲不苟的態度。

一九五〇年九月，南海鷹新的主場大阪球場落成，在二戰後的復興階段，該球場提供當地很大的娛樂精神支柱。除了是大阪當地首個職業鋼筋混凝土球場外，下方也設置許多娛樂設施，二樓的球團事務所在當時被譽為是大阪球團內最宏偉氣派的事務所，事務所櫃檯也都是美女接待訪客等，成為棒球迷間的新聖地。

台灣人吳昌征的日本一首轟

一九五〇年對於日本職棒來說也是相當關鍵的分水嶺，聯盟在一分為二之後，舉辦別開生面的首屆「日本一」總冠軍戰。十一月二十二日當天秋高氣爽，神宮球場擠滿兩萬三千名觀眾見證下，中央聯盟的冠軍松竹羅賓與太平洋聯盟的冠軍每日獵戶星（現羅德海洋），在上午十一點依序入場練習，中午十二點五十分舉辦盛大的冠軍戰開幕儀式，並在下午一點正式開打。

參與這場歷史上首戰的，也有效力每日獵戶星的台灣球員吳昌征。當年六月韓戰開打，加上國民政府退守台灣後，持續與共軍兩邊互相炮擊，讓東亞局勢極度緊張。但當時駐日盟軍總司令部名義上最高統帥的麥克阿瑟（Douglas MacArthur）元帥夫人瓊妮（Jean MacArthur）仍親自到場觀戰，歷史一刻的開球任務則交給當時訪日的三A球隊「舊金山海豹」（San Francisco Seals）總教練歐多爾（Francis O'Doul）擔任開球嘉賓、駐日盟軍總司令部的少將麥卡特（William Marquat）擔任捕手、紐約洋基隊的傳奇打者狄馬喬（Joe DiMaggio）則是擔任開球打者。

首場比賽每日即以三比二獲勝後，第二戰移師後樂園球場，更是出現三萬五千人以上爆滿觀眾加油。而擔任第二棒吳昌征也沒有漏氣，在一局下一好兩壞之後，抓住先發投手江田貢一的一顆內角失投球，將球撈到右外野看台上。

吳昌征定睛一看後，緩緩繞過壘包，是發兩分彈。日本職棒兩聯盟分治的「日本一」冠軍戰史上第一支全壘打，就由台灣球員吳昌征敲出，下一棒的別當薰已經在本壘迎接他，並伸手跟他相握。

一系列比賽分別在關東、中部與關西舉辦，最後打到第六戰，每日以四勝二敗取得首屆冠軍。而當首屆日本一總冠軍賽打得火熱之際，在另一頭的大阪球場，也在十一月二十一至二十四日舉辦首屆「日本小聯盟冠軍大會」。

前面有先提到一九四九年時，在關東的後樂園球場和關西的西宮球場都各自有舉辦小型二軍盃賽，但這是由新聞報紙所自辦的盃賽，並未獲得官方背書。然而這場小聯盟冠軍大會是兩聯盟分治下，正式於東京銀座開會許可的盃賽，並且聚集央聯松竹、巨人、阪神、大洋、國鐵、洋聯南海、東急、阪急等，加上半職業的山陽電鐵等共九支球團一同角逐，無論隊伍數與正當性都是首次。

一九五〇年的首屆小聯盟冠軍大會採取單淘汰制，南海鷹二軍先是以二比一力克松竹二軍後、再以五比零擊敗巨人二軍，最後於總冠軍賽以三比一擊敗阪神虎二軍，讓岡村贏下日本二軍正式盃賽的首個冠軍。當中弟子岡本伊三美還在冠軍戰敲出全壘打，更逐漸展現其打擊實力。

岡本也在這一年首度被提拔上一軍，他在前往一軍前曾請教岡村，問如果上場打擊前很緊張怎麼辦時，岡村想了一下後回：「先唱首歌吧！」讓他莞爾一笑。

根據岡本回憶，岡村與吳昌征的私交似乎不錯，在過去熱身賽時，常常看到賽前岡村跟吳會彼此互相攀談。而這年吳昌征敲出日本一系列賽史上第一轟，岡村俊昭則成為日本職棒二軍有史以來第一座捧上冠軍盃的總教練，無形之中，都替台灣球員爭足了面子。

準職棒二軍的社會人球團

岡村率領南海二軍拿下冠軍後，南海鷹氣勢如虹，面對緊接著的一九五一年球季，官方也開始如火如荼備戰。不過眼下課題是，當年二軍沒有完整賽季，只靠著短期盃賽來決勝負，根本缺乏賽季比賽經驗。如果時間一久，多數球員沒有上場機會，跟其他球隊保持固定切磋，對於這批年輕、但是技術待磨練的小球員來說，絕對是心癢在內。

不希望小球員們苦無機會，點子多的鶴岡一人突發奇想，將腦筋動到過去二戰結束前母公司集團南海鐵道集團所成立的子公司「南海土建」上，認為何不把這些二軍球員組成一隊，去參加業餘社會組棒球「都市對抗野球大會」的比賽磨練？加上當年參賽規矩中，每支社會人球隊可以僱用最多三位前職棒球員，但這批二軍球員因為沒有登錄在一軍名單過，自然可以被視為「非職業」。在當時二軍是為職業與否，定義仍混沌不清的時代下，鶴岡的建議就遭到母企業採納了。

順應鶴岡的發想，一九五一年剛過完年假不久的一月十日，南海鷹就「解僱」了旗下十六名二軍球員，另外再取消松本勇、野口勝美、北村修一等三人的職業一軍登錄後解僱，讓三位成為「非職業」球員，總共讓十九人進入南海集團所成立的南海土建公司旗下棒球隊。總教練則是交由二十八歲的壯年捕手松本勇來兼任。

梶田睦當年也成為被「解僱」後，轉職到南海土建的二軍成員之一。他對我回憶，當時公司還煞有其事地舉辦了入社典禮。至於總教練更換成松本勇，梶田則是認為老觀念中，捕手可以引導出好投手，因此松本的捕手經驗，或許可以誘發投手才能。

結果南海土建成立後，南海那年沒有編制二軍，岡村俊昭的二軍總教練職也暫時「失業」，一九五一年二月起回到一軍繼續擔任「隊長」職務。不過，這年被登錄為隊長的岡村俊昭，事實上也沒有以球員身分出賽過。但就廣義上來說，一九五一年滿三十九歲的岡村俊昭，或許才是職業生涯的最後一年也說不定。

「準南海二軍」的南海土建棒球隊在經過一番賣力練習後，開始於夏天參加都市對抗野球大會的大阪預賽。南海土建一路勢如破竹扳倒各家業餘社會人球隊，於八月晉級大會賽，並一路挺進到冠軍戰，準備對上劍指二連霸的全鐘紡（現佳麗寶）隊。

當初由於業餘球員的定位分際不明顯，因此原先以為南海土建應該會被打敗，哪知卻一路打到總冠軍，代表就算是職棒二軍球員，還是比業餘球員強一截。如果南海土建奪冠，勢必讓業餘棒球顏面掃地，當時的日本社會人棒球協會（棒協）還激勵全鐘紡稱「請一定要守住我們業餘社會人棒球的傳統」，成為罕見的畫面。

而在最後的冠軍賽，南海土建與全鐘紡纏鬥激烈。野口勝美在冠軍戰敲出全壘打，一度將比分扳成二比二平手。然而，隨後森下正夫再度發生要命失誤掉了一分。梶田睦跟我回憶說，在冠軍戰的最後一刻，他被松本勇指派上場代打。

當時他回憶：「我上場時只想著要把球給破壞掉，結果最後是猜錯球，站著遭到三振。」終場比賽南海土建就以二比三敗給全鐘紡。梶田想起這刻時，至今仍非常惋惜。

南海土建的破天荒參賽行為，卻也招來其他業餘球隊抗議，一時間業餘球隊和職棒界兩邊一度勢如水火。最後日本棒協決定，「無論怎麼看，都不該容忍一支看起來像是職業棒球農場（二軍）組織球隊的存在。」

最終，南海土建的參賽不再被認可，南海只能解散南海土建棒球隊，每個球員又被「回聘」到南海二軍比賽。

「親分」與「大將」的合作無間

進入一九五二年後，梶田等前南海土建的一千人等又回到南海二軍重新出發。不過岡村俊昭並未回歸到二軍總教練，當時的紀錄中，岡村在日文上變成「助理監督」，應該可以理解為助理教練的意思。在未能執教二軍的一九五一年賽季，岡村跟在鶴岡身邊一同參與季賽調度，並且輔佐鶴岡決策，成為很好的參謀。梶田就說：「鶴岡後來就覺得岡村很重要，很希望他留在一軍，還說：『沒有他無法編成（陣容）。』」

事實上，一九五一年南海鷹以七十二勝二十四敗八和，勝率七成五的極優異成績奪下太平洋聯盟冠軍，從這驚人數據就可以看出鶴岡與岡村在執教上的合作無間。雖然總冠軍戰還是輸給了宿敵巨人隊，但是一支常勝軍團的體態儼然已經成形。

而在二軍方面，一九五二年四月，關西各球團再度號召起來，組成「關西農場聯盟」，除了南海二軍外，還有阪神、松竹、阪急、名古屋、西鐵、山陽皇冠等球隊，首度開始有了單季完整的二十四場季賽。

一軍賽季開打後，南海戰績持續勢如破竹，岡村的弟子岡本伊三美也逐漸展露頭角，在七月全明星賽後，鶴岡把岡本叫來並說：「你以後就是正二壘手了，我也到年紀了，必須專心當總教練。」

岡本的成長，讓鶴岡決定正式交棒，從選手位置上退下來。這年岡本也留下〇・二九九打擊率，全壘打十一發的成績。

至於岡本被提拔，背後是否有岡村俊昭的建議？岡本直接回答我：「這當然一定有的。」他並補充：「他（岡村）是嚴肅的師父，但是一軍和二軍的聯繫管道很棒，兩邊都很流暢，一軍選手也都很尊敬他，也被一軍選手所喜歡。」

球員與媒體間也開始廣傳兩個綽號：分別是鶴岡的「親分」與岡村的「大將」。

日文的親分意指很會照顧人的大哥，而事實上鶴岡私下真的很照顧球員。岡村俊昭在當年賽季結束前，特別投書《週刊棒球》雜誌，篇名為〈山本（鶴岡）監督的側寫〉。兩千多字的文中，岡村也稱讚鶴岡是「分辨事物的表裡、兩面都真誠，充滿魅力和溫暖的人」。平時在賽場上不假辭色、鬥志滿分，但賽後脫下制服、梳洗完畢換好便服後，鶴岡又可以成為溫柔對待晚輩和下屬的人。

岡村也在投書上稱：「南海球員之所以稱自己的總教練為『親分』，最大的原因就是因為他的性格，可以說，他有種別人無法模仿的獨特特質，不是嗎？」

鶴岡工作時嚴謹，私下時溫柔的徹底分明性格，一人犯錯時全隊一起聽訓而不怪罪單人，場下仔細關切每個球員的狀態，讓在一旁的岡村俊昭多有感觸，甚至也學習到鶴岡的親分風格。

而岡村的綽號「大將」，可以理解為軍隊「上將」之意，表示他明快下指示、傳令快速的一面。正式比賽時岡村也不苟言笑，聽取鶴岡作戰指示後直接快速應對下戰略，有了鶴岡一人的大哥風範型調度、以及岡村俊昭迅速指示，整體球隊作戰機動力也大幅提升。

岡村比賽不多話，因此不說話的臉看起來就很嚴肅，但一開口就會一連串的教導跟指正，因此除了大將外，岡村在球員間也有了「歐巴桑」（也有一說是「歐卡桑」）的暱稱，據說也是總教練鶴岡開始先叫的。透過親分與大將兩人的分工合作，引領鬥志高昂的團隊，那往後南海開始在太平洋聯盟稱霸，似乎也是遲早的事。一九五二年賽季，南海鷹再度以七十六勝四十四敗一和，勝率六成三三的成績連霸太平洋聯盟冠軍，但可惜的是，南海在日本一總冠軍戰中依舊碰上讀賣巨人，巨人並以四勝二敗再度奪冠。

順帶一提，效力每日獵戶星的吳昌征，也在這年成為首位生涯三百五十次盜壘成功的日職球員。

獨創的罰金與歌謠大會

歷經太平洋聯盟二連霸後，岡村在一九五三年又重回二軍總教練的職位，培養新生代。這一年全隊從春訓前就相當賣力，早春嚴寒天氣下，一、二軍先是在大阪體育館內進行體力鍛鍊後，於二月二十三日起轉往廣島縣一旁的吳市二河球場展開春訓，開始進行特打訓練。

重回二軍總教練後，岡村持續操練年輕子弟兵，其中森下正夫和種田訓久的成長讓他深有感觸，在接受報紙採訪時，岡村就曾說：「他們兩人變得很棒喔！一般要是在其他的隊伍中，早就是主力先發了吧？」岡村邊說時還邊露出白色牙齒，對於自身調教的二軍弟子相當有自信，展現爽朗的一面。

梶田睦過去也曾在吳市參加過多次春訓，他記得有次岡村面對打擊心不在焉的打者來練習，岡村還會突然丟一個大曲球，冷不妨地讓練習的打者揮了個大空棒，打者錯愕地看向岡村，只見投手丘上的岡村早已經笑彎了腰，發出「哈、哈、哈」的大笑。

由於二軍的練習實在太過辛苦，梶田還記得有次二軍隊員還集體「罷練」，故意不把一大捆練習用的球棒拿到球場。等到岡村俊昭來到現場，看見練習「開天窗」，當場翻了個大白眼後大吼：「搞什麼鬼啊！」向其他球員大吼趕緊把球棒拿來。

等待球員們把一大捆球棒推來後，岡村立刻拎了一根棒子，要他們在板凳區乖乖坐一排，隨後再反拿球棒，以棒尾部分輕輕敲打每個球員的後腦杓，梶田回憶：「當時鏘鏘鏘的聲音相當清脆，要是現在可能會被投訴體罰過當了，但確實我們那時也是太皮了。」

當時二戰後不過沒幾年，二軍球員除了艱辛、生活克難外，連自己的球具也要自己買好、準備好，有時到外地比賽要搭長途夜車，大家分擠在上下四人的臥鋪車內。梶田記得，有時要吃飯進食堂時，教練團和一軍球員理所當然先吃，他們只能撿剩的，他說：「有時一天練下來後，發現食堂內的飯糰已經所剩無幾，蘿蔔湯也被撈到只剩一點菜渣。」

練習結束後，岡村還會安排二軍球員做特守訓練，並且親自下場打球給八個守備位置，梶田說：「他每個守備位置都打一百球。總而言之，就是打擊落點相當精準。」

不過，岡村在嚴厲帶兵之餘，也有相當溫和的一面，岡本還記得岡村有一次在下榻的旅館，看到一樓有鋼琴，居然即興表演一曲，讓大家拍手叫好。平時帶兵嚴厲的大將，居然也有文藝的一面，讓他印象深刻。

此外，讓岡本和梶田都印象深刻的，則是岡村創造了一個「失誤罰金」制度。每當選手出現一次失誤，該選手就必須繳納罰金作為公積金。等到公積金累積到一個程度後，岡村就會舉辦歌謠大賽，並自己擔任評判，只要唱最好的選手，就可以把公積金拿走。

想不到每次歌謠大賽的冠軍，都是失誤最多、繳最多錢的人，讓他們都捧腹大笑。也許是那選手歌聲太好了，也許是岡村想要鼓勵該選手，才刻意溫柔「放水」，但無論如何，都可以看出岡村相當受年輕選手喜歡的一面。

另一方面，一九五三年也是岡本伊三美在一軍正式大放異彩之年。單季一百四十三支安打，並以〇．三一八打擊率成為洋聯打擊王，看到自己的徒弟如此爭氣，岡村自然也是與有榮焉。南海鷹也在這一年以七十一勝四十八敗一和，勝率五成九七的成績完成洋聯三連霸的偉業，但在日本一系列賽中，還是碰上宿敵巨人隊，鏖戰七場後以二勝四敗一和作收，無緣冠軍。強敵巨人的高牆，依舊是連續三年未能跨越。

京都奇才野村克也現身

一九五三年底，對於南海鷹球史上來說，也是另一位傳奇球員野村克也加入之年。野村克也幾乎是日本職棒界無人不知、無人不曉的傳奇打者。二十六年職業生涯，兩千九百零一支安打、六百五十七轟，數不盡的優秀頭銜。擔任總教練時也拿出一千五百六十五勝與一千五百六十三敗的成績，生涯善用數據推敲、改造不同類型球員讓其發揮所長，也讓「ＩＤ野球」之名不脛而走。但野村的球員生涯，並非是典型天才球員，而是後天苦練定勝負的標準案例。

生於一九三五年的野村克也，父親原先經營食品料理店，後來在二戰中被徵兵，病死在中國武漢的野戰醫院內，自小野村就由媽媽扶養。小時候野村就開始幫忙送報紙、賣冰棒貼補家用，喜歡棒球的他也以空玻璃瓶當球棒來玩、拿回收的舊棒球雜誌來閱讀過過癮。中學二年級後野村加入棒球隊，持續精進棒球技術，高中則就讀附近棒球隊較不有名的峰山高校。

峰山高校的棒球部長清水義一，相當欣賞野村的打擊能力，又聽聞野村家境貧寒，哥哥野村嘉明為了弟弟，甘願放棄讀大學的機會，將學費給弟弟唸高中。不過清水覺得野村的能力絕對可以進職棒一拼，於是拼命說服野村媽媽和哥哥外，一方面也積極寫信給各職棒球團，推薦當時高二的野村。

不過清水寫的信，大多是石沉大海，唯一有回信的，卻是南海鷹的總教練鶴岡一人。

當時職棒還沒有正式的球探制度，普通的球探也對峰山這所無名高校興趣缺缺。鶴岡讀了信，看到京都出現這樣的人才，就找了助理經理兼球探富永嘉郎一起去看看野村的打擊。富永和岡村俊昭同樣畢業於平安中學、效力南海鷹多年，深得鶴岡信賴，聽聞默默無聞的峰山高校居然出現強打者，家住京都的他就興沖沖地和鶴岡一同在一九五二年七月跑去西京極球場。

該場比賽峰山高校對上花園高校，高二的野村克也還揮出一發全壘打。鶴岡親眼見到野村身材短小卻驚為天人的打擊能力，甚為滿意。順帶一提，岡村俊昭的老家其實離西京極球場不遠，雖然沒有他前往球場看野村打球的紀錄，但當年以鶴岡與岡村的交情，加上平安中學的背景，岡村確實很有可能隨著一起去看。

比賽結束後，鶴岡透過富永來跟棒球部長清水傳話說：「如果那傢伙有要打拚三年覺悟的話，明年秋天我們會有新人測試，那時再請你帶他一起過來。」

果不其然，在隔年一九五三年秋季，即將決定就職的野村依約來到大阪球場參加測試。而根據記載，這次岡村俊昭確實出現在球場擔任考官，他跟鶴岡、筒井敬三、柚木進等南海鷹前輩一字排開，開始物色這批球員中是否可以採集到珍珠。

一連考遠投、腳程後，第一次合格名單出爐，野村在三百多人中雀屏中選，進入最後十人名單。最終在十一月十一日這天，包括十八歲的野村克也在內等六名年輕球員正式被南海鷹球團錄取。

野村克也成為無名的峰山高校首位職業球員，包括棒球部長清水義一與隊友們都欣喜若狂。不過媽媽和哥哥卻一度反對，認為南海已有捕手老將筒井敬三、松井淳，新秀也值得期待，野村不會有出賽機會。加上高中就讀化工科的野村克也，原先畢業後已經拿到全鐘紡與國鐵福知山鐵道的內定資格，要放棄穩定的工作去投身可能一年就會被開除的職棒，媽媽與哥哥說什麼都不忍心。

後來野村克也決定放手一搏挑戰職棒，清水義一也保證「如果真的被解僱，我會負起責任幫他做好在找工作時的對口」，才讓媽媽與哥哥放手同意。

野村生前仍記得，十八歲簽約時什麼都不懂，看到合約上寫簽約金「八萬四千日圓」時一度大叫：「我一個月可以領八萬多嗎？」

想不到那時卻被球團幹部冷回：「給我看清楚點，右旁有寫著『每月按照該金額給付十二分之一』吧？」

野村聽聞倒抽一口氣後，才正式簽約。

導入數據棒球理論

野村進入南海鷹後，一九五四年時岡村俊昭又回任一軍教練團，擔任助理教練一職，重回鶴岡的參謀職位。二軍總教練的位置則交回給松本勇擔任，因此客觀來說，野村克也的二軍生涯幾乎是松本勇的麾下渡過。

但剛開始的野村並沒有在二軍磨練，而是跟著一軍遠征、充當牛棚的蹲捕捕手，有種陪公子練劍的感覺。第一年他只有出賽九場並且十一個打席都無安打、還吞了五次三振。野村後來回憶，他第一年能出賽的機會不外乎是大比分落後、或是比賽後半段才上來練習打擊手感。

鶴岡一人在這年也聘用了首位專任的紀錄員尾張久次。尾張本來是報社棒球記者，在工作之餘整理龐大的資料中，漸漸開始對球員的擅長球種或是打擊姿勢等開始研究。

當時，雖然每場比賽球隊經理都會做紀錄，但大部分是記下誰失誤與否、或是當天打擊紀錄如何等當參考，如果發生失誤或是打得不好，就把球員叫過去指正一下，沒有教練跟球員在看長期的打擊數據。尾張這樣的研究精神被鶴岡知道後，鶴岡也認為「棒球很注重『直覺』，但透過蒐集和分析數據，未來將會誕生更多新的戰術」，因此決定聘請尾張擔任紀錄員。

爾後每場比賽，尾張都在一旁進行詳細記錄後，隔天再交給鶴岡與岡村等教練團，給他們當作開會的參考資料。透過這樣詳實而穩定的紀錄，逐漸構建成龐大的資料庫。尾張的紀錄資料也被稱為「尾張筆記」而傳開。

一九五四年球季結束後，南海鷹未能如願聯盟四連霸，屈居第二名。當球團展開人事整理時，野村一度要被解僱掉，當時的他哭著跟球團要求：「如果只有一年就被解僱，我無顏回到當初盛大歡送我的家鄉，只能就這樣跳南海電車鐵軌（輕生）了。」

最後球團幹部心軟之下決定不解聘野村，但同時也跟他說：「你打擊比較好，先專心打擊吧。」要野村放棄蹲捕手、先改練一壘手。

當時大學畢業生月領六千日圓，野村則是月領七千。三千要繳給二軍宿舍、一千寄回家用，只有三千日圓可以零花。野村除了在牛棚蹲捕、等待出賽外，其餘時間就是在宿舍練揮棒。

一同打造百萬內野陣容

時序進入一九五五年，根據官方紀錄，岡村俊昭又繼續擔任一軍教練輔佐鶴岡。這一年南海鷹打出了九十九勝四十一敗、勝率七成零七的隊史最佳紀錄，挺進「日本一」冠軍戰。尾張久次的「尾張筆記」，可說在季賽發揮了關鍵作用。

在當時的報紙上，可以看到岡村俊昭和中谷信夫兩人一起捧起聯盟冠軍獎盃的畫面。至於為何不是總教練鶴岡一人出來捧盃？梶田回憶，「鶴岡其實都不太喜歡被拍照，不是喜歡這種（出風頭）的人，奪冠後才示意叫岡村去拿獎盃。」

這一年的南海鷹投打俱佳、守備也相當厲害，場上最佳九人的位置有五人獲選。分別是投手中村大成、一壘手杉山光平、二壘手岡本伊三美、游擊手木塚忠助與外野手飯田德治，被媒體譽為「百萬美金內野陣」。這當中，身為教練團一員的岡村也有其功勞。

這年冠軍戰，南海依舊碰上宿敵讀賣巨人隊。進入冠軍戰後，岡村也「獻策」鶴岡，在總冠軍戰第一場安排已經生涯走下坡的三十五歲老將柚木進當先發。等柚木先發投十球後再更換宅和本司上場主投，成為冠軍戰有史以來第一場「假先發」紀錄。

然而在最後，南海依舊不敵巨人優勢，原先打到第四場時已經是三勝一敗大幅領先，結果居然連輸三場、最後以三勝四敗讓巨人於第七戰封王。在當時的體育報上，也可以看到晚上南海鷹在開會討論冠軍賽戰略時，岡村俊昭低頭思索的模樣。

一九五五年，對於梶田來說是特別的一年。一直在二軍的他由於整賽季表現不突出，對於球團來說，梶田已經是隨時會被開除「戰力外」。球季快結束前，鶴岡一人把他叫去辦公室，問了梶田一聲：「想不想轉任球團經理啊？」

梶田一聽，知道自己可能要被移除戰力名單了，反射性地回應鶴岡，「不要啦！我不喜歡，我還想打球。」

鶴岡也沒辦法，只能跟梶田坦白他即將被移除戰力名單一事。梶田當初相當排斥，不想接受當經理，想辭職後再去找出路。鶴岡一聽皺了眉頭說：「那怎麼得了？你還年輕，難道你想離開球團去唸大學？還是要另外找工作？那我幫你介紹如何？」

面對即將失去工作，「親分」鶴岡拿出一貫的溫暖姿態想幫晚輩找出路。見到梶田久久默不作聲，鶴岡拍拍他肩膀說：「不然你換個想法吧？你還是可以穿上球衣，可以跟我們一起工作，只是成為經理，這樣好嗎？」

原先打算轉到社會人球隊延續棒球生涯，梶田考慮一個晚上後，隔天決定轉任球團公關經理，以另一種方式輔佐球團，而這個決定也影響他的人生。

而這年的二軍季賽與秋訓，生涯第二年的野村克也則是全都在二軍出賽，同樣自認沒有退路的他則是卯起來每天苦練身體。他並下定決心：「如果不能出賽，我就再也沒有機會了。但是無論如何，我都要先回到捕手位置。」梶田也記得，當時他在二軍，野村已經打第四棒，並且愈來愈好。

這年即使比賽後，野村也會留下來鍛鍊肩膀。雖然僅用手臂就可以傳短距離球，但不用整個身體就無法長傳球，因此野村猛練習長距離傳球。學習如何使用身體、訓練自己握力和肌肉力量。當賽季結束後，野村直接與曾經擔任捕手的二軍主教練松本勇談判，「請讓我回到捕手位置。」隨後野村示範從本壘向二壘長傳，松本也很驚訝地回他：「想不到你傳球變得那麼好了！」並決定讓野村從秋訓回到捕手位置。

「把我的名額給野村吧！」

進入一九五六年的一月後，南海鷹開始替新的球季做準備，這一年球團也做了一個重大決定：開拔到夏威夷進行春訓。在此之前，從來沒有日職球隊前往美國本土春訓過，但在《舊金山和約》生效，日本恢復主權以後，日本人也可以自由前往國外。因此在與聯盟商議後，一月二十五日日職官方正式發出許可，同意南海鷹前往夏威夷進行春訓。

岡村俊昭也在這年重回二軍總教練位置，但前往夏威夷的陣容幾乎是一軍，二軍是在老巢吳市二河球場訓練。原先據稱岡村也在去夏威夷的考察陣容中，但約莫是一九五六年一月底，岡村俊昭有天晚上找了鶴岡一起去泡澡堂，言談間聊到準備去夏威夷春訓一事。根據書上記載，當時岡村在邊泡澡時，邊跟鶴岡推薦在二軍的野村一起去夏威夷參加春訓。想必是野村在上賽季與秋訓的練習成績，透過松本勇傳到岡村耳中。

爾後在採訪時，岡村的女兒八重也跟我說：「對，確實父親有跟我說，因為他沒有辦法辦護照，就跟鶴岡一人說，『反正我也去不了，把我的名額讓給野村吧！』」

在岡村推薦野村下，南海鷹一行人終於大勢底定，在二月二日晚間九點四十分，搭上從羽田機場起飛的日航班機前往夏威夷。

果不其然，實力堅強的南海軍在異地仍是大放異彩，十場比賽中只輸了一場給歐胡島全明星隊，其他皆獲得勝利，當中野村克也更是出色。然而在三月中旬回國前，他跟兩位隊友因為貪玩，居然過了宿舍門禁時間還不歸營，隊友宅和本司趕緊打電話給他們說：「快給我回來，老爹在大發脾氣了！」

野村一聽大驚失色，連忙跟著兩位隊友趕回宿舍。只看見鶴岡一人鐵青著一張臉，要三人跪在宿舍水泥地板上後，一連對三人「啪！啪！啪！」連續賞了三記耳光。野村當下心想，「慘了，慘了，這麼多天努力居然毀在最後一天的門禁上。」

然而回國後，野村翻開報紙，居然看見上面寫著，「夏威夷的遠征，最大的收穫就是野村非常優異的進步，還有野母得見的控球變得很棒。」鶴岡一人在回國後於東京的飯店接受媒體訪問，更是不斷稱讚野村克也的突飛猛進，並說，「野村捕手無論打擊力、腳程都不輸給前輩松井，彷彿是能與投手一同感受呼吸，完全可以蹲在正捕手位置，一定會在熱身賽和正規賽好好讓他發揮。」

這一年的野村開始突飛猛進，出賽一百二十九場，敲出九十支安打與七發全壘打，以自身實力站穩先發。

野村生前回憶，鶴岡一人是完全不會稱讚選手的類型，但他這一生有被鶴岡稱讚過兩次，第一次正是夏威夷春訓。也可以說，如果沒有岡村的慧眼識英雄，將野村從二軍提升到一軍，並把本來可以去的位置讓給野村，爾後就沒有野村克也這位傳奇打者的進化與現身也說不定。

成為一代鐵捕巨砲的野村

進入一九五七年後，野村克也的能力持續大幅成長。根據當時週刊形容，當春訓輪到野村克也打擊練習時，全壘打已經如流星雨般往外野大牆噴射而去，一旁的岡村俊昭看到野村的成長，也不禁以驚訝的口氣說：「那傢伙終於變得很會打了！」

這一年野村克也打出生涯第一次的高峰，出賽一百三十二場、敲出一百四十三支安打與三十轟，都是聯盟最高。在奪下全壘打王後這年底，某日在大阪球場內的球員通道上，野村碰到總教練鶴岡一人，鶴岡輕輕地跟他說：「你這傢伙，打得不錯。」這也是野村一生當中被鶴岡稱讚的第二次，也是最後一次。

至此二十四年，野村再也沒有下過二軍，野村生前也回憶鶴岡的讚美時說：「這樣（短短讚美）就夠了。這句就讓我記到現在。總教練還是不能過多地讚揚麾下球員。這只會降低他們言語的價值。」

而岡村在這年則是接續上一年持續二軍擔任總教練，成績也不俗，在二軍季賽中拿下聯賽第二名。在這年《週刊讀賣》上，則是寫著：「身材五呎六吋的他，以溫厚的人格得到選手間的好讚賞。」然而，在季末的人事改組中，岡村再度回到一軍教練團。

進入一九五八年賽季，這年南海鷹則是滑到第二名，季後一度傳出一軍總教練鶴岡一人要被辭退，但最後仍舊是被留任。而岡村則是於球團在一九五八年十一月十五日的人事命令中，被賦予回到二軍，擔任總教練職務。

迎來隊史首次日本一

一九五九年賽季，岡村俊昭再度離開一軍教練團、轉任二軍總教練，這也是他的教練生涯中最後一次擔任此職位。南海鷹一軍則是相當賣力，在季賽中取得八十八勝四十二敗、勝率六成七七的紀錄闖進總冠軍賽。

而在總冠軍賽，南海又碰上宿敵讀賣巨人隊，不過這次南海徹底發揮實力，以四連戰勝利橫掃巨人，拿下首座日本一冠軍。

自一九五〇年兩聯盟分治以來，鶴岡總教練四度奪下聯賽冠軍，但每次都在日本一冠軍賽輸給巨人，終於得償所望。鶴岡後來晚年也在自傳中稱，奪下日本一冠軍後，在大阪御堂筋集結多達二十萬人的大遊行，是他一生中最光輝的時候。

然而這一年，南海一軍雖然奪下首個日本一冠軍，但擔任二軍總教練的岡村俊昭帶兵成績相當差，二軍所屬的西部聯盟中排名吊車尾的第七名。

在季後的一九五九年十二月九日，南海球團在大阪梅田的中華料理店「北京」，招待數百名媒體相關人士舉辦優勝祝賀會，同時並宣布新的教練團人事改組。除了老將堀井數男從選手身分退休前往二軍當教練外，岡村俊昭則是從二軍總教練回到了熟悉的一軍首席教練位置，其他內容則是沒有太多變動。或許是要為自己帶兵成績負起責任，岡村在現場宣布時，也只是表現出相當淡然的態度。

一九六〇年，回到一軍擔任首席教練位置後，持續與鶴岡一人搭檔，不過這年南海在聯賽只拿下第二名，無緣打日本一冠軍戰。在季後的一九六〇年十二月十五日，南海鷹球團正式發布公告，岡村俊昭自一九六一年起轉任球探。此時的他，已經年屆四十八歲的近半百之年。

加上野村克也的爆發，象徵南海鷹新時代巨星的來臨，鶴岡與岡村等老一輩自然就成為「舊時代」的象徵。野村在晚年時也說過，鶴岡那種舊時代動不動就當面訓話、體罰的「精神式棒球」讓他很不適應，他認為精通數據的「思考式棒球」才是往後的主流，也埋下後來鶴岡與野村兩人不合的遠因。

早晚都投入棒球工作

但由此可以看出，在岡村俊昭擔任教練團成員的十二年間，並非都是二軍總教練，而是在一、二軍之間浮游。梶田認為，那時分工真的很不明確，常常因為球團需求上下調動，不像現在分工精細，很多想像不到的棒球教練職缺都出現。

岡本則是回憶，那時岡村擔任二軍總教練時相當辛苦，幾乎都在工作。因為二軍都是早上練球、中午比賽，因此岡村都是早早出門。從京都搭車到大阪後，再轉南海電車到中百舌鳥，單趟通勤就要一小時半左右。

作者與岡本伊三美（前）及永井良和教授（右）。

等二軍練習或是比賽結束後，岡村還會搭車回大阪難波看晚場的一軍比賽，透過親眼來斷定選手的表現後才回家。

從早到晚岡村都是替南海鷹工作，這也難怪子女在兒時對於父親的印象相當稀薄，早上起床就見不到人，晚上睡覺時父親都還沒回來了。

我不禁深深吐出一句：「岡村真的很熱愛棒球工作！」

「真的是這樣！」岡本立刻大聲回應我。

不過當我問及岡本伊三美，是否知道岡村是來自台灣、或是原住名的本名為何時？岡本則是歪了下頭說：「還真不知道，不過大家都知道他是台灣來的。」

而梶田睦則是連岡村的來歷、年齡等都不清楚。這也是可以預料的，當年他們都是岡村的晚輩、下屬關係，就如同現在的上班族也多半不會特別想去了解自己長官的來歷等，因此岡村在來日本唸書前的經歷，仍舊是一個謎。

但岡本也對我說：「畢竟職棒是靠實力決勝負的。」認為和人種其實沒太大關係，他並補充：「岡村是真的人格很棒，若是人格很差的人，我想鶴岡是不會選他當二軍總教練的。」岡本和岡村家人一直到後來仍保持很好的關係，也是岡本不忘恩師的最好證明。

結束了與南海傳奇球星岡本伊三美的會面後，我又再度搭機回台。隨後我的採訪重心全都移到台灣地方選舉，那一年的選舉結果也出現驚天動地的變化，執政黨的民進黨徹底失去地方執政優勢，國民黨的韓國瑜更是橫空出世成為高雄市長。國民黨籍支持者歡欣鼓舞之餘，許多民進黨支持者則都感到無限絕望，在採訪現場的我十足感受到兩方氣氛的反差。

第七部 極限

成為南海的球探，
享受含飴弄孫頤養天年之樂的岡村俊昭……

照片提供：岡村家族

二〇一九年，對台灣和香港來說都是遭逢巨大轉折的一年。從新年的第二天起，兩岸關係就開始緊張，緊接著是台灣刺激的總統選戰各黨黨內初選等，新聞界陷入一陣忙碌，有種山雨欲來的感覺。等到三月中旬後，我跟家人前去東京欣賞美國大聯盟東京的海外開幕戰，由鈴木一朗效力的西雅圖水手（Seattle Mariners）對戰奧克蘭運動家（Oakland Athletics）。

而在行前，想說半年沒有探望岡村的家人，我便委請永井教授安排，想說看完海外開幕戰之後前往京都一趟。這兩場開幕戰也成為時年四十五歲鈴木一朗的生涯最後登場。

隨後不久接到永井教授來信，信中指出岡村女兒八重不僅相當歡迎，這次還邀請我跟永井教授在岡村家住一天，可說是讓人喜出望外。三月底的某日下午，我與永井教授再度前往岡村家。第三次的見面，雙方已經非常熟悉，連聊天時的氣氛都相當隨和，已經不像是訪問。

聊天時，我又提到了那張我覺得很像是原住民合照的照片。特別是這年的過年，我在回花蓮光復家鄉與家人們聊到尋訪岡村俊昭一事時，還拿出這張照片給爺爺、奶奶與家人看，他們看了之後異口同聲地說：「這就是原住民。」不過八重對這張照片的記憶依舊是如同上回那般，只記得是和教會有關。後來我只好放棄，開始和八重聊有關岡村在晚年的各種瑣事與趣聞。

草創時期球探編成

話先轉回岡村俊昭從教練職退下一事說起，根據網路上的資料顯示，一九六一年球季開始，岡村俊昭正式轉任南海鷹的球探。一提到球探，不外乎就是常常去各地看各級學生棒球、社會人棒球等，站在場邊拿著測速槍指向投手丘測試球速、或是在打擊練習時不斷在看台上緊盯打者紀錄的人，他們將各種人才詳實記錄後，回報給球團總部，作為他們往後選秀的參考依據。

現今的職業球團的球探部都已經相當完整，而且都有各自的負責區域、負責的選手等，組織也相當龐大，從統括部長、部長、課長到職員等，每天不停地交換各式訊息，確保最新的選手資訊與狀況。

可以說，球探的素質決定了球團的球員選擇方向，也間接地影響球團的球員培養成本，甚至可以影響到球團的勝敗與未來，當年日本火腿隊在二〇一二年獨排眾議、選擇想去美國打球的大谷翔平，即是很好的一例。日本火腿隊後來給予大谷極大的投打「二刀流」空間，也使用新式的美式訓練方法來培養大谷，大谷則用好成績來回報球團，最後在二〇一八年赴美打大聯盟，形成選手與球團兩邊雙贏的結局。

不過畫面倒轉回六十年前，當時的時空背景自然沒有現在這般豐富，球探的編成也簡單許多。然而，當時的南海鷹就已經展現出若干的改革氣魄。南海鷹在總教練鶴岡一人的帶領下，已經展現許多新式的改革。

除了先前在一九五〇年代率先採用專屬紀錄員之外，其實在一九四八年的時候南海鷹就已經在九州地區設置專屬球探。等進入一九六〇年後，南海鷹決定在全日本各地區都設置專屬球探，準備隨時挖掘各地好手。

岡村俊昭自然也是在當時的編制當中，根據了解他所負責的地區是近畿地區，也是他最擅長的地區。而他的母校平安中學、二戰後改為平安高校後，由於就在附近，也成為岡村必定去看的地方。當年的球探制度下，比較少現代式的數據分析，還是以肉眼觀察、人脈多寡和人情義理居多。因此每當岡村去母校，都像是大學長回去般隆重。女兒八重記得，小時候跟父親去平安時，發現他人面很廣，連總教練都很尊重他。「進入平安大家都會敬禮。」看到大家敬禮的樣子，才知道父親原來是這麼厲害。

兒子成治則回憶，小時候曾跟父親在車站遇到過巨人隊一代巨星川上哲治，岡村就直接喊：「喂！川上！」兩人就開始聊起來。

碰到人稱「金田天皇」、生涯四百勝大投手金田正一，岡村也是直接叫：「金田！」

由於岡村是隨著日本職棒早期一起努力的人，輩分算是相當高。成治笑說，他記得只有三原脩，父親岡村才會加「桑」一字。讓人想到當年的「巴頭事件」，可能在岡村心中，對於三原還是很尊敬的。

三位子女小時候，都有被岡村俊昭帶去球場，跟球員們打招呼的回憶。感覺父親是個球員很敬畏，但是又很吸引人的人。當時的父親已經在擔任球探，八重印象中父親喜歡歌手兼演員的李香蘭（山口淑子）。岡村對於做人非常要求誠實，小時候八重曾經撒過一個小謊被岡村發現，讓他非常生氣，至此八重就不敢撒謊。

對於挖掘選手，早在二軍監督時期，岡村俊昭就展現出自身看球員的才能。根據岡村兒子成治所言，父親曾經很推薦當時就讀京都山城高校的吉田義男，認為這位二壘手將來必成大器。不過鶴岡一人覺得一百六十五公分的吉田個子太矮了，不是他想要的類型，讓岡村有點失望。爾後吉田在一九五三年加入阪神虎，首年就敲出一百一十九次安打、隔年以五十次盜壘拿下盜壘王、一九五五年再以一百四十七支安打拿下安打王。風雲般的生涯十七年以快退、好打、耐守的攻守三拍子站穩先發二壘手，岡村當年的銳眼，可說是沒有看錯吉田義男的好素質。

此外，一九五〇年代初期就讀平安高校的清水宏員，在晚年接受永井教授訪問時曾回憶，當年高中時岡村曾經有來問他有沒有興趣加入南海鷹，他可以幫忙介紹，但隨後球團並沒有採納他意見，最終清水以投手身分加入每日獵戶星。據說岡村對此感到很悔恨，私下聊天時還會跟清水說南海鷹球員的打擊缺陷。然而岡村對於紀律也是一絲不苟，曾有平安高校的隊員在路上偷抽菸、被他當下指正過。

不過岡村本人倒是個老煙槍。女兒八重記得父親岡村特愛罐裝的 PEACE 與 HI-LITE 香菸，也常抽菸斗。喝酒的話，岡村則是喜歡瓶裝的麒麟啤酒；喝咖啡則是固定都會去家附近的老店。如同現代人，香菸與咖啡幾乎是他每天必備之物。這時候的岡村也開始迷上賽馬、賽艇與賽腳踏車，但他也不賭錢，只是在電視前靜靜地拿著筆做紀錄，彷彿是告訴自己要有筆記的習慣。

關於喝酒，岡村的子弟兵梶田睦則記得一件趣事。在轉任球隊經理後，梶田和岡村也成為比較不直屬的關係，那時一場比賽都差不多打兩小時左右，大概晚上九點多就可以從球場下班，他記得岡村時常會問：「要不要來去喝一杯啊？」兩人就會到大阪梅田車站相當有名的酒吧「新慕尼黑」小酌一下。

梶田接著還笑說：「有一次岡村喝太多，搭最後一班電車回去時太尿急了，在中途停靠別站時還跟站務員要求說：『先停久一點，讓我上個廁所再開車！』」讓人莞爾一笑。

與鐵人衣笠祥雄的巧遇

岡本伊三美於一九六四年從球員退休後，陸續當過南海鷹與阪神虎的教練，一九八四年至一九八七年間則是擔任近鐵猛牛的總教練。岡本回憶在當教練之初，還有去跟岡村報告，希望岡村可以給點建議，但岡村僅說：「不要把身體搞壞掉就好！」

而對於子女教育，岡村俊昭也沒有怠慢過。因為戶籍的關係，岡村三個子女去唸公立學校手續比較複雜點，但是岡村仍讓子女們受到很完整的教育，三人都是當地私立名校畢業。只是因為工作繁忙、加上戶籍等無法證明親屬關係，所以岡村沒參加過子女的家長會，都是母親代為出席。

那時當球探的岡村，有時要飛到仙台、有時要飛到九州看球員，生活也是不得閒，但是在球季結束後，一定會帶家人去吃豐盛的中華料理，也會帶家族去各地旅遊等，盡盡作為父親該有的陪伴。

而在岡村當球探時期，八重也提及了一個小故事。八重記得在高中時，曾經看過父親在門口對一位小球員精神訓話，內容不外乎是「平安的棒球精神」等。當時那個光頭小球員直愣愣地立正站好、手貼住褲縫，頭整個低低地不敢抬起。

後來等到那位小球員高中畢業後，加入職棒廣島鯉魚隊大放異彩之際，八重才知道該球員正是廣島鯉魚知名球星，生涯連續出賽兩千兩百一十五場比賽的「鐵人」衣笠祥雄。由於衣笠是二戰後來日本的非裔美軍士兵與日本人所生的混血兒，黝黑的臉龐也讓八重記憶相當深刻。

梶田睦則是對我回憶，稱岡村當球探時曾經有點違反規定，約是在一九六四年、六五年那時選秀制度起步前後，岡村曾有私下接觸平安高校畢業、後來唸龍谷大學的捕手梅村好彥。主要違反原因則是學生有學籍，卻還是私下接觸是不行的，當時根據新規定，應該要先告知龍谷大學總教練，並在學生畢業前由總教練調查意願，等確定後才可接觸。然而岡村卻跟舊時代那般先行與學生接觸，也讓後來南海球團收到警告，岡村則是也被口頭申誡過，算是選秀制度開跑前的一個小插曲。

消逝的蔭山總教練

而在岡村從教練職退休後，南海鷹持續保持優異的戰績，不是第一名就是第二名。投手陣容有杉浦忠、皆川睦雄；打擊有野村克也在六〇年代起迎來爆發式地成長，以及廣瀨叔功等從不間斷的安打製造機，持續構築了一個世代。

等到一九六五年當季，南海依舊以八十八勝四十九敗三和的成績坐穩第一名寶座，日本職棒也正式導入選秀制度。從前靠人情人脈來挖角小球員入團的歷史，從今爾後將要進入新的時代，總教練鶴岡一人也決定褪下南海總教練戰袍，預計將總教練一職交給三十八歲的教練蔭山和夫。

一九五〇年加入南海的蔭山，是以強打聞名的打者。打了十年後於南海鷹球員身分退休，轉而擔任岡村俊昭過去的首席教練位置，是以頭腦派、理論派為主的指揮家。蔭山作為後岡村時期的參謀，相當受到鶴岡信任，當一九六二年鶴岡因病休養之時，還頂替總教練之位指揮多場比賽，得到不錯的評價。

因此，在鶴岡心目中，早已經把蔭山作為接替者的不二人選。一九六五年十一月十三日，蔭山決定接受南海鷹球團邀請，接任下任總教練之職，並在十七日的第一次日職選秀遴選人才。

只不過，就在四天後的十一月十七日，蔭山突然被發現倒臥在家中，緊急送醫。

原來在當年總冠軍戰後，即將接任總教練，承受巨大壓力的蔭山，每天睡不到兩小時，大量服用鎮定劑。事發當天，蔭山服用了鎮定劑和白蘭地之後就寢，然後半夜被母親發現倒臥在家中，氣色衰弱。蔭山隨即被送往鄰近醫院，在救護車來時，蔭山氣若游絲地和妻子說：「快去叫野村（克也）過來！」送醫後蔭山已經沒有氣息，心臟按摩無效後院方宣布過世，享年三十八歲。

蔭山的過世給予球團巨大打擊，總教練也出現真空。原先鶴岡一人在退下南海鷹總教練後，每日獵戶星和產經燕子（現養樂多燕子）也有意邀請鶴岡前往東京執教，不過因為蔭山突然過世，讓一切前景不明。隨後在王牌投手杉浦忠、打者野村克也的請願下，最後鶴岡決定再回來接任南海鷹隊的總教練。

後來這一接，鶴岡又多當了三年總教練，直到一九六八年卸任。而子弟兵野村克也則是在一九六八年的八年間，年年都奪下全壘打王、並有六年蟬聯打點王，無疑是當年太平洋聯盟的最強打者。最終，在一九七〇年起，三十五歲的野村以球員兼任總教練的身分執教，鶴岡一人開始慢慢退出南海鷹的決策圈，轉而開始推廣基層棒球。

不過平心而論，就球探生活而言，岡村俊昭的這十年過得相當樸實、也沒有挖掘出什麼可造之材。岡本伊三美在事後跟我回憶稱：「岡村指揮球隊很棒，但可能他在球探這方面沒什麼才華吧。」

有可能是球隊認為岡村為球隊努力到這樣，那未來就幫球隊好好當個球探。與其解僱，不如給個球探職位，在當年的時代或許也是種人情義理的表現。

一九七一年球季結束後，岡村俊昭正式結束球探之職，將滿六十歲的他從南海鷹球團正式退休。

興起歸鄉之念

一九七二年起，岡村俊昭從南海鷹退休。退休的他依舊是體力十足，每天早起練揮棒之外、還會用冷水澆身體。時不時還是會去平安高校探班、看看新的小球員們的成長。由於戶籍等因素，岡村不能考駕照，但他則是常常騎著腳踏車出遊。

但此時，台日關係迎來相當重大的變化。日本在九月底時，宣布與中華民國斷交，承認對岸的中華人民共和國。在斷交後，日本受到中華人民共和國單方面的「一個中國原則」下，台日間只能維持經濟與文化上的互動。

而聽岡村俊昭的子女說，就在一九七〇年代這時，岡村也興起了「想回台灣看一看」的念頭，希望子女們去幫他辦理手續。怎奈當時，無論怎樣辦理，岡村都沒有辦法回鄉。

根據女兒文的回憶，當時她幫父親跑過大阪的領事館，希望讓父親有機會回台灣，但因為戶籍不明的關係，當時領事館則是覺得，如果岡村回台灣，可能會有被扣留的風險，讓父親顯得有點猶豫。八重也記得，當時岡村也拿出不少「曾在台灣生活的證據」，但是無論如何就是沒有辦法辦台灣的護照或簽證。

後來我和岡村子女們解釋與推測，也許是因為台日斷交後，兩國氛圍急遽變化。加上岡村俊昭可能先前無法證明來日本本土前的姓名身分為何，當時外交氣氛冷淡、加上舊時代的身分核實困難等，讓當年的政府認為岡村的「來歷不明」。

當時處於戒嚴體制下，就連外國人的行動都會受到警備總司令部監視，更何況是岡村俊昭只會說日文、卻要證明自己是台灣人的訴求，可能讓台灣當局覺得麻煩，後來就索性軟性拒絕。

而申請中華民國護照被拒絕，岡村也曾經有動念歸化成日本國籍，但是也因為戶籍上等諸多原因，導致岡村無法被認可為日本國民。根據我的推估，應該是像二戰後在日朝鮮人或台灣人那般，只能給予永住權、不能給予國民資格，現今日本對於歸化的限制就放寬許多，但是在當年七〇年代，很多的僑民歸化都相對困難，使得岡村成為無法歸化日本、也不被二戰後「中華民國」認可的人。

而就在這個申請護照的時候，女兒八重也在某天跟著父親在客廳布團取暖、泡茶喝時，聽到父親講起：「我是來自花蓮港的高砂族，那邊是個很美的地方喔！」才因此對台灣花蓮有了初步印象。

與鶴岡恩斷義絕的野村

而轉回南海鷹球團，當時以球員身分兼任總教練的三十七歲野村克也，人氣幾乎是號令整個太平洋聯盟。然而就在野村的生涯巔峰之際，已婚的他和當時的情婦沙知代譜出戀曲。隨後野村便與太太分居，加上沙知代本身也有婚姻關係，兩人陷入雙重不倫戀的情況。

由於當時野村是全聯盟一等一級的球星，如果發生不倫戀，對於球團名譽將會有很大的影響，甚至好不容易建立起來的人氣都會付之一炬。為此，隊上的強打廣瀨叔功特地和他忠告了一番。只不過忠言逆耳，當時處於熱戀期的野村不但沒有聽進去，甚至還疑似從隔年起大量減少廣瀨的出場機會。

不久，尚無婚姻關係的沙知代在一九七三年替野村誕下一子克則。相當得勢的沙知代，開始出口批評南海鷹球團的調度。起初作為總教練的「情婦」，許多選手都是睜一隻眼閉一隻眼，結果沙知代不只對選手態度不佳，也開始罵起打擊教練，「你到底在教什麼東西！」

甚至會到板凳區大吼球員調度等，讓許多球員心生厭倦。

最終在一九七五年秋天時，隊內上下氣氛來到最嚴重。當時包括巨砲門田博光、名投江本孟紀與西岡三四郎等隊上知名球星聯合起來，在大阪市內的飯店召開記者會，要求野村克也「公私不分也請有個限度！請別這樣做了」，一場「政變」儼然成形。沙知代的行為同時讓很多隊職員與幹部心生不滿，醞釀著要把野村交易到讀賣巨人隊。起初讀賣巨人隊的高層顯示出高度興趣，認為如果以「選手兼首席教練」方式轉隊或許可行，但是這項交易遭到當時總教練「巨人先生」長嶋茂雄反對而作罷。

野村最後遭到球團留用，政變失敗後，緊接著就是一連串肅清。在沙知代的強勢指導下，「密謀造反」的西岡三四郎先是被交易到中日龍、隨後江本孟紀再被交易至阪神虎。原先門田博光也在沙知代要求的驅逐名單中，但當時的球團老闆川勝傳對交易隊上第四棒巨砲是「萬萬不可」、持大力反對態度，最後讓交易無疾而終。

此後，沙知代對於球團營運方針的干預只有更肆無忌憚，不單是直接出入球團和總教練辦公室，參加賽前作戰會議，還直接一屁股坐上球員專屬的巴士等，甚至要求選手的太太們都要加入她自己成立的後援會，否則就會被視為「異己」。這樣的旁門左道，持續累積了球員不滿，球團也發現事態嚴重，在一九七七年八月約談野村並給予「最終警告」。

請神容易送神難，在一九七七年九月中，球團老闆川勝傳與其他三位高級幹部開會。會中，球團最後認清一個現實：「要除掉沙知代，唯一的方法就是解聘野村。」魚與熊掌不能兼得，如果硬是要留野村下來，那就要接受沙知代在背後指點江山的覺悟。

球團覺得事不宜遲，先找來野村面談，溫和勸說他能自己先辭掉，想不到野村對此大力反抗。最終球團勸說無效，在球季還未結束前就發人事命令直接解聘野村。

野村被正式解聘後，並沒有善罷甘休，而是直接透過《週刊文春》爆料，當中對於球員指控沙知代，稱其在背後指點江山一事以及直接干預現場調度等都是「子虛烏有」，對於以前一起打拼的隊友們進行無情地被判。

當中，野村還直接指名道姓，認為鶴岡一人等「元老舊勢力」想要密謀將他排除，稱是鶴岡想要維持自己的勢力，想要扶植廣瀨叔功「篡位」總教練一職，因此才不斷放這些假消息，並稱一九七五年的「門田造反」正是鶴岡一行人在背後指使的。

話盡至此，野村與鶴岡可說是徹底鬧翻，師徒恩情盡絕，兩人至此老死不相往來。從京都無名高中生到培育成一代巨砲捕手，鶴岡或許也萬萬沒想到自己跟野村會因為他的情婦而斷交。當然，過去被視為是「鶴岡人馬」的岡村俊昭，自然也被列入拒絕往來戶之一。野村與沙知代在一九七八年正式結婚，此後野村也以「恐妻」聞名。

退休之後這幾年，岡村俊昭在京都家中過著平淡的生活。每年元旦過後，岡村的子弟兵們一定會來到岡村家聚會。子弟兵自組了一個「岡村會」，岡村俊昭會設宴款待他們，八重還記得以前新年時期都要跟媽媽一起在廚房裡忙進忙出的，那時的岡村相當開心，也會準備禮物給子弟兵，一群人高興地喝酒談天。

不過每當岡村的子弟兵談及野村，開始出現不尊師重道等抱怨的字句時，總是會被岡村制止說：「不要這樣說他。」

八重說，父親一生不喜歡講人閒話，因此就算有子弟兵批評野村，他也只說：「他是個好孩子，但就是不那麼善於做人處事罷了。」認為同為京都人，還是不要對自己京都人太苛刻。

從遙遠的花蓮港到京都來，此時也已接近五十年，白髮蒼蒼的岡村，此時也將自己看作是京都人了。

野村後來被解聘後，轉隊至羅德一年、又在西武打了兩年後，於一九八〇年退休。野村生涯二十六年中有二十三年都在南海鷹渡過，但終究是無法在長年栽培他的母隊光榮退休，也可說是個遺憾。

「貝比・魯斯手套」

進入八〇年代後，日本迎來經濟騰飛的高峰期，慢慢迎接七十歲的岡村俊昭，也有了外孫女。外孫女朋子回憶，外公早起的規律就是吃外婆準備的烤土司和熱牛奶，幾乎是「鐵律」。年輕時因為忙於工作而疏於家務，晚年的岡村也常幫忙做家事。

年邁的岡村還曾教過外孫女打棒球，看到她接滾地球的姿勢不好，還會蹲下示意外孫女大聲說：「要蹲下用下盤接啊！」只要談起棒球，岡村的神情就會突然變嚴肅。

八重記得，當岡村的外孫女從京都的幼稚園畢業時，當時她在外地工作，岡村就主動要求說要去參加外孫女的畢業典禮。以前的岡村因為工作與戶籍身分限制，無緣參與子女的成長，晚年的岡村對於能參加外孫女畢業典禮相當開心。當時因為輪調，八重得在外地工作，有次岡村夫婦還突然登門拜訪她，帶她去吃好吃的，讓她相當驚喜。

子女們也都不約而同提及，以前家中有「貝比・魯斯手套」一事。根據《平安野球部一百年史》中記述，岡村俊昭在學生時期曾於甲子園敲出全壘打，並於貝比・魯斯手中親自拿到手套一事，想不到這個事實居然存在。只不過翻遍當時貝比・魯斯於一九三四年十一月跟著大聯盟球星來日的紀錄，在十一月底於甲子園舉辦的兩場比賽中，都是與全日本明星隊比賽，因此岡村究竟是何種比賽敲出全壘打、並拿下手套，也成為一個謎。

不過根據一些地方報紙資料，當時美國大聯盟來日本巡迴時，比賽多數是下午兩點開打，因次各地都會在上午十點先舉辦當地球隊的「歡迎比賽」，來歡迎來訪的一行人。那根據此邏輯推論，應該就是在甲子園舉行美日正式比賽前，先有類似歡迎比賽的活動，岡村敲出全壘打，才從貝比．魯斯手中拿到手套。

不過自然，該手套應該不會是貝比．魯斯親自用過的，而是大聯盟官方贈與、經由貝比．魯斯轉交頒發的手套才是。而且當時的時間岡村正好唸大一，如果打完東都大學的秋季賽，再回來關西的話，時間序上也說得通。

只不過無論真相為何，那個「貝比．魯斯手套」後來也成為小孩子們之間遊玩的道具，至今已經不知去向。如果手套當年能留下來，或許是個美日棒球史上相當珍貴的資產。根據家人所言，以前家中後方都堆滿很多球棒、球具，但後來都因為時代緣故慢慢被處理掉。

迎來終幕的南海鷹

八〇年代是南海鷹非常慘澹的時期，球隊從一九七八年以後就掉入四到六名間的B段班

（直到二十年後的一九九七年才走出）。另一方面，阪神虎在一九八五年贏下日職史上首座冠軍，更讓關西球迷一面倒地開始支持中央聯盟，包括阪急、近鐵、南海等公司在內的營運上也漸漸吃力。觀眾漸漸不進場，失去門票收入等。隨後大阪當局提出重新開發大阪球場的難波地區附近一案，也讓南海鷹內部開始思考是否要將球團轉賣、配合土地開發。

原先前幾年，老一輩的幹部對於轉賣都持反對態度，老闆川勝傳更是直言：「在我臨終閉上眼以前南海鷹是一分都不賣。」不過進入一九八八年後，四月底時川勝過世，等新老闆吉村茂夫上任後，就迫不急待開始商量球團轉賣的事。最終在九月時，南海球團決定將棒球隊事業賣給遠在九州福岡，以經營超市為本業的大榮集團。

一九八八年十月十五日，南海鷹在主場大阪球場迎接主場最後一戰，對上近鐵猛牛。原先相當稀少的球迷，在宣布轉賣後，球票開始大賣。最後的主場擠進現場三萬兩千名滿場球迷，一齊歡送這支五十年的老牌球隊，以南海鷹為主角的漫畫《大飯桶》的漫畫家水島新司也特地蒞臨現場致意。

只不過，這對迎接重要五十週年的球隊來說，在這種時刻轉賣，還是太過殘酷了些。

比賽結束後，所有球員跟著總教練杉浦忠繞場一周，說了「最後能在主場以這樣結果贏球很開心了」後，並高呼：「鷹魂不滅！」

隊上巨砲門田博光則是流著淚說：「我想帶領球隊奪冠再哭，但用這樣的方式哭真的太痛了。今天是我生涯中最痛的一天。」當年四十歲的門田博光，季後則是以四十四轟、一百二十五分打點的「不惑巨砲」之名，獲選為南海鷹最後的太平洋聯盟單季最有價值球員。

順帶一提，這一年的中央聯盟則是由效力中日龍的郭源治，以單季三十七次救援成功拿下最有價值球員。從一九二七年伊藤次郎、稻田照夫及西村喜章進入平安中學以後，六十年後的阿美族球員也正式在日本職棒殿堂發光發熱。南海鷹也在這一年首度迎接主場觀眾動員總人數破九十萬的紀錄，打破一九六一年最光榮時期的八十九萬七千人，這年最終人數為九十一萬八千人。

五十年來的南海鷹正式謝幕，總成績三千一百三十三勝、兩千八百零九敗、兩百五十五和。

走向垂暮之年

而與此同時，岡村俊昭的身體狀況雖然沒到不佳，但確實快逼近八十歲的他，也面臨身體慢慢衰竭的現實。岡村的女兒文與八重記得「其實父親就是自然老衰，在某個時間點突然老很多」，隨著記憶愈來愈模糊，以及身體狀況大不如前，進入九〇年代後的最後幾年，岡村身體狀況持續往下滑，最後進入醫院治療。

梶田睦後來回憶，他去醫院看岡村時，當時岡村已經神智不清了，在病床上無法回話。不過當其他好友去探望岡村時，當時他還能說話，家人把他搖起來後，該好友拿了手套和球給在病床上的岡村把玩，然後一行人還隨著岡村在病床上擺出「哇！全壘打」的姿勢，逗得在病床上的岡村哈哈大笑。而岡村的老戰友鶴岡一人也有去看岡村，與他在病床前做最後的道別。

一九九六年一月二十四日早上七點十五分，岡村俊昭因心臟衰竭，於京都南醫院過世，享壽八十三歲（日本採用足歲為正式年齡）。

二十六日早上十點時於自家前舉辦告別式。家人們都記得，除了當時擔任養樂多總教練的野村克也無法前來外，幾乎所有人都到了。八重說，「大家都在哽咽啜泣。」岡村火化安葬後，法名「釋俊道」。而巧合的是，就在岡村過世當天，廣島鯉魚的一代球星衣笠祥雄也入選日職名人堂。

等到岡村過世後，先前從台灣帶過來的遺物也陸續被處理掉，唯獨他生前一直隨他征戰過的行李箱，卻被完整保留下來，只能說是種奇蹟吧。

岡村過世四年後的二〇〇〇年三月七日，鶴岡一人也因動脈血栓造成的心臟衰竭而去世，與岡村一樣享壽八十三歲。當時在擔任阪神虎總教練的野村，只有透過球團發弔唁文，但是到喪禮最後一刻都沒有現身致意，後來也引來批評稱野村「忘恩負義」。當時沙知代仍在世，或許是在家庭權衡下，野村才選擇沒有出席鶴岡的喪禮。

二〇〇八年時，岡村的妻子重代也以八十六歲高齡過世。母親過世前後，八重終於帶著兩個女兒一起搭機前往台灣，經過巴士轉車後來到花蓮，親眼看到了父親岡村生前曾經生活的故鄉。當時的外孫女還忍不住用關西腔小吐槽說：「每個人都長得跟外公好像。」

要學會京都的慢

經過一個下午與八重的閒聊，發現已經有種和家人聊天般的自在，對於關西腔的玩笑也相當喜歡。隨後在八重的招待下，晚上借宿前，我與永井教授和八重三人先去了趟京都車站吃飯，三人喝點小酒，作為晚輩的我則是不斷跟他們請益。

聊聊之後，八重提議不如去一間她常去的小店，我跟永井教授馬上說好，再經由一陣路程後，我們來到一處非常清幽的街道，進入其中一間老式房子，由一位年邁京都女士所經營的京料理居酒屋。

該京料理店相當特殊，除了酒類之外，其他都是看當天有什麼，由女將做給客人品嚐。永井教授笑說：「來京都要學會京都的慢。」三人再度開了啤酒，不斷閒聊。

席間，八重突然略微感性地說：「父親都已經過世這麼久了，您們都還這麼關心，真的是很感謝。」然後起身對我們鞠躬，我和永井教授見狀則是趕緊回禮。

吃完飯後，我們三人走回岡村家，八重和永井教授踏著輕快的步伐，我則是跟在後面，雙手插口袋不斷地想事情、五味雜陳。

回到岡村家後準備就寢，睡覺的房間，正好就是當年岡村來平安中學就讀時所借宿的廂房。房子經過重建之後，已經不復當年的模樣，但能夠在岡村當年生活的空間過一晚，讓人感到相當興奮。一旁也有岡村的牌位，我和永井教授跟牌位雙手合十，準備就寢。

此時永井教授也說：「太好了，鄭桑。經過這樣的採訪後，相信以後對寫書會更加順利的。」

不過我想了一下後，突然間有點沮喪地跟永井教授說：「教授，我覺得我寫不出來了。」

「為什麼要這樣說？」永井教授問。

「我覺得，已經到極限了。」我說。

「什麼極限？」教授反問。

「因為，這些日子下來，我覺得我還是沒辦法知道岡村是以什麼身分來的？十七歲前在幹什麼？還有就是葉天送、或是他的原住民名字等。我想說連家人都不知道了，感覺不能從中間就這樣寫。頂多，就是介紹他的職業生涯與個人風格罷了。」

如果沒有辦法釐清岡村俊昭十七歲以前在台灣做過什麼，對新聞記者的我來說，真的是百般好奇，那時候的我感覺頂多只能做個梳理生平的報導。不過要說到寫書什麼的，好像還是有點太言過其實。永井教授則不斷解釋：「不會的！就算小時候是如何可能無法解開，還是會有其他方式讓書可以成形的，一起加油吧！」途中我一度有點激動，不過聽了永井教授的規勸後，我才稍微比較靜下心來。

只不過算一算，從二〇一六年夏季以來，追尋岡村俊昭已進入第三年。這三年我擬定每半年存錢、然後一次前往當地的目標，不過多次採訪下，大致上只能從家人回憶中，聊到約是一九七〇年代中後期的回憶。

當然這絕對不是誰的問題，只是後來愈聽，愈覺得好像是種社會趣聞報導的感覺。因此到後來的二〇一九年時，我也就變得相對輕鬆，認為只是來單純拜訪，聽聽還有沒有過去沒有聽過的見聞。

一夜好眠後，隔天我與永井教授拜別了八重，隨後教授返回大阪，我則是回到東京找家人。此時櫻花已經盛開，東京各地到處都是賞花人潮，幾天後我又轉往北海道，採訪台灣球員王柏融在札幌巨蛋的開幕戰後，於月底在東京迎接新的年號「令和」到來，讓人有種新時代就要降臨的期待感。

日本的採訪結束後，我又回到台灣，開始投入總統大選選戰採訪。此時不論是台灣或香港，都開始迎來巨變。一方面是香港在二〇一九年六月九日的「反送中運動」後，讓世界看到香港人驚天動地的抗議場面，我則是在這段期間不斷來回台港兩地間採訪，目睹許多激烈的抗爭現場。另一方面台灣的總統選戰也在六月後進入白熱化，直到當年九月底後，我才有機會抽空放個小假，回到花蓮光復鄉去歇息。

第八部 歸根

回到花蓮的起點，
最初的探索正隱含岡村俊昭的人生密碼……

照片提供：岡村家族

上大和遙拜所

二〇一九年十月，正從香港的國慶抗議採訪結束後回台灣的我，抽空前往了家鄉花蓮光復一趟。回到家鄉後，享受片刻的寧靜，連步調也慢了下來，不過想起在香港採訪時的激動畫面，不由得有些心理陰影。我躺在沙發上，不斷地看手機內這幾個月來在香港採訪的照片，有種恍如隔世之感。

因為久久回老家，不知不覺間，我又想起來尋找岡村俊昭的事。特別去回顧了一下在兩年前於岡村家中拍的那張「原住民照片」。我將它放大後不斷端詳，只覺得裡面的很像原住民，應該還有人在世才對。但是岡村的女兒八重只記得「好像是教會」，不過到底是什麼教會？在沙發上愈想愈覺得不甘心。

霎那間，我突然想到個點子：「如果把花蓮的教會都問過一遍，是不是就有可能知道他們是誰？」

我隨即用手機開始搜尋花蓮各地的教會與天主堂，不查還不知道，一查才發現有近兩百個，著實讓我吃驚。「要全部都去問一遍嗎？」我心中不禁開始猶豫起來，不過我樂觀地認為，教會或是天主堂圈內，應該很多原住民都是彼此有聯繫或是認識，因此如果問個十間，應該就可以抓到輪廓，縮小尋找範圍，這也是新聞記者在找人時常用的方式。

想說事不宜遲，不如就先從家裡附近的教會或天主堂問起，我立刻騎著腳踏車出門。當時十月的秋風相當舒適，我先來到家裡附近的一間當地天主堂，走進後低聲詢問是否有人。不久後，一位白髮的西洋人神父慢慢地走了出來，開口便親切地問：「請問有什麼事？」

「神父，不好意思！請問您有沒有看過這些人？」我用手機將事先準備好的合照秀給神父看。

那神父拿下眼鏡，定睛看了一下，輕聲說道：「不好意思，我不知道。」

「沒關係！謝謝您，神父！那我可以參觀一下裡面嗎？」

「當然可以！您請便。」神父回答後，我便進去天主堂內參觀，走著走著後便在後排的木頭長椅上坐下，想像著台上有神父在舉辦彌撒的樣貌。

岡村俊昭生前與原住民合影的照片，這張照片成為找到岡村花蓮家人的關鍵。（圖片提供：岡村家族）

想著想著，突然間，發現我這樣的動作有點太莽撞。雖然有一百多間天主堂，但還是應該從長計議來找比較好，因此我決定先騎回家後，再重新擬定戰略。

回到家後，我又雙手抱後腦杓躺在沙發上思考，一邊想說要不要先用電話詢問，或是先把可能性較大的教會或天主堂列下來。爺爺正好午睡完出來，問我：「在幹什麼？」我則是一五一十地跟他敘述要用照片去各教會問問看的想法。

看見我坐著發愁，坐在茶几旁的爺爺突然開口：「你要不要先去神社那邊看一下？」

「嗯？神社嗎？」我回。

爺爺說的神社，其實是光復鄉在日治時代的神社「上大和遙拜所」，位於當地的小山丘上。山丘在日治時期名為「宮岡」，而下面的小學校即是現在的光復國小，在日治時期名為馬太鞍公學校、後來二戰結束前曾改名宮岡國民學校。爺爺在日本時代即是就讀此學校，因此他在說他的日治時期回憶時，常說自己是宮岡國民學校畢業的。二戰後，舊有的神社建築遭到拆除，現今變成馬太鞍教會。

我的印象中，馬太鞍教會是光復當地最大的教會，因此如果直接去教會問，或許會有什麼結果。如果不成，只要依序去找各鄉鎮最大的教會來問，應該會比較容易找到。我隨即跟爺爺道謝後，騎腳踏車再度出發。

約騎了一公里左右，來到當地的小山丘，教會前的斜坡，隱隱約約可以感覺的出來是神社階梯。其實從小到大我也是很常來這，因此算是很熟悉，上來教會後，建築物寫著大字「禮拜堂」，我便上去想打開門詢問。

怎奈，居然是大門深鎖。那天是週六，或許是因為行程等緣故沒有開門。因此我只能自顧自地繞著教會散步，一邊心想「還真的不是很容易啊」，一邊想著接下來要去哪間詢問。教會旁種滿松樹，從這裡可以顯見曾經是神社的樣態，我繞了一圈走回教會正門後，開始用手機尋找下一個教會。

這時，遠處的一輛酒紅色的轎車突然車門打開，一位婦人從駕駛座出來和藹地詢問：「請問你有什麼事嗎？」

「喔！原來有人在！」我邊心想邊小跑步過去，拿出手機的照片亮給她看說：「不好意思，我是住在這附近的人。想請問一下您認識照片中的人嗎？」

該位婦人同樣將眼鏡稍微往上一推，看了一下後用手指說：「右上這位他已經過世了喔。」

「什麼？他最近剛過世嗎？請問您認識他嗎？」我突然驚訝不已，想不到第二間教會就找到認識的人。

「嗯，他叫江Ｘ成，就住在前面不遠的地方。」婦人道。

「請問他是什麼原因過世的？」我問。

「好像是火災之類的。」婦人回答。

我跟婦人聊了一陣後，由於她還有事要先走，只跟我說了大概的方位。我則是連聲道謝，充滿感激，想不到在詢問第二間後，尋找岡村俊昭的童年就有這麼大的進展。為了保險起見，我先輸入那位往生的先生名字搜尋，查到了火葬場當時的資料，輸入地址後，用手機地圖ＡＰＰ定位，竟發現坐落在不遠處。

芭蕉樹

我按著地圖標示直接騎過去，約莫不到一公里處，抵達地圖上所標示的位置。該處歷經火災後，已經變成一片空地，上頭有黑色的焦掉痕跡，可以看得出曾經遭到祝融侵襲。想說鄰居應該會知道當時的情況，我就騎到隔壁住家敲門。

雖然是大白天，但隔壁住家內顯得略為昏暗，不久後一位婦人走出來問我來幹嘛。我小心翼翼地問：「請問您認識住隔壁的江Ｘ成嗎？」

「喔！他已經過世了，你找他幹嘛？我是他的親戚，你可以問我。」該女士說道。

「喔？妳是他的親戚？」聽到這我迫不及待地拿出手機，秀出照片並指著右上江Ｘ成問，該女士即刻回應是年輕時的江Ｘ成沒錯，隨後又依序指出照片中的其他人，居然都是已故江Ｘ成的親戚。

我心想，「真來對了。」隨即指著照片中當時頭髮已花白的岡村俊昭問該女士：「那您認識他嗎？」

「喔！這是舅公啊！他是我外婆的弟弟。」該女士立刻回應。

「什麼？他是您舅公？」我大喊。

這句話如雷貫耳般，突然間讓我全身電流直竄，整個無法相信，原來岡村俊昭的親戚，就住在我老家不遠的一公里處。

「不好意思怎麼稱呼您。」我強作鎮定地問。

「我姓江、長江的江。」該女士稱。

或許是對於原住民使用漢名回應一事還不太適應，我愣了一下後回說，「江女士，您好。」隨後表明自己記者身分與目前在追尋岡村俊昭一事，經由同意下拿出手機錄音。

「這位是您外婆的弟弟，對不對？」我問。

「對，我叫他舅公。」

「請問他叫葉天送對不對？」我用岡村俊昭的漢名來詢問她。

「對！對！他的姊姊叫葉鳳妹。」婦人像是想起什麼似的，大聲說道。

由於我當初是隨機出門詢問，甚至連紙筆也沒帶，江女士親切地邀我進家中，我在家門口停好腳踏車後進入，她將紙筆借給我。由於太過興奮，我甚至坐下時連呼吸都略為急促，整個無法平靜。婦人端出茶水後，我則是開始拿著照片跟她說：「我有去日本京都找她的女兒，從這邊拍到這張照片。」並簡單說明岡村俊昭的身世、與在日本打球的經過。

坐定後，江女士開始跟我說起該張照片中每位家人的名字和故事，她邊指著邊說：「這邊都是葉鳳妹的家族喔。」

而當我問起葉天送的相關身世時，江女士則稱：「我記得他是一半一半的混血。」

「喔？混血，是跟太魯閣族或是其他族嗎？」我問。

「不是，他爸爸好像是廣東那邊的。」

「喔？廣東？是漢人？」這個回答讓我相當吃驚，不過隨後我問江女士有關岡村俊昭的原住民名字，江女士則是說不知道。只知道「舅公」很小就不在了，但大家都知道「他去日本後就沒回來了」。只是因為久未聯絡，甚至連舅公岡村俊昭何時過世，江女士也說當年都沒有聽聞。

不過江女士隨後稱，她哥哥徐先生應該對這個更有了解，要我留下電話，我則是驚喜地遞出外媒的名片後，跟江女士約好時間。臨走前，江女士帶我去看了房子附近的一片地，只見上面滿滿的芭蕉樹，江女士跟我說：「葉天送就是在這邊出生的。」

「原來是在這裡啊……」我相當驚訝，原本以為要有找遍花蓮的覺悟，沒想到「遠在天邊、近在眼前」這句成語真的是很貼切。

伐木之歌

約莫幾小時後，江女士來電，說她哥哥會在傍晚回家，我可以過去找他。

我隨即依約在傍晚左右前往江女士哥哥徐先生家，還沒到門口，遠方已經看到徐先生和江女士同我招手，徐先生手中還拿著一疊相片。待我坐定拿出採訪工具後，徐先生與江女士即開始跟我介紹那疊照片，我也在當中首度看到岡村俊昭姊姊葉鳳妹生前的模樣，只見她悠然自得地坐在沙發上，頭戴毛帽身裹黑大衣，應該是冬天拍攝的照片。

「原來這位就是葉鳳妹女士，請問她有原住民名字嗎？」我問。

「有！我外婆叫拉門（Lamen）。」徐先生回道。

看到徐先生回答迅速，我順勢再繼續問：「那葉天送原住民名叫什麼？」

「他叫歐浪（Olam）。」

「啊！歐浪嗎！」我瞬間全身電流一竄，長年以來的疑問，此刻終於獲得解答。

後來聽徐先生解釋，以前岡村俊昭和姊姊的父親，是日本統治時代住在光復（上大和）上方鳳林客家莊的廣東省梅縣葉姓客家人。光復鄉距離鳳林鎮約十多公里，自清朝時就有來自廣東省的客家人來此屯墾，日本統治時期則是一度屬於同個自治體內，關係可說是相當親密、兩地區之間的交易也相當頻繁。至今，鎮內仍有三分之二左右人口通曉客家語，剩下則是以阿美語、閩南語為主。

岡村俊昭的父親當年用划船的方式滿載交易品，划往上游的馬太鞍溪跟當地原住民貿易。當年馬太鞍溪旁的馬太鞍部落，居住著許多阿美族原住民。一直做著與阿美族原住民貿易生意的葉男，幾年下來，與當地原住民產生感情。最後與一位阿美族原住民生下兩女一男，其中一女是葉鳳妹、另外一男葉天送，也就是後來的岡村俊昭了。岡村俊昭的背景，其實是來自客家與阿美族的混血兒。

不過徐先生也稱，葉鳳妹和葉天送兩人從小不會說客家話，而是在原住民部落成長，父親後來也就不知去向，生前也沒有聽外婆提起過。我聽得恍然大悟，後來再問：「葉天送在哪受教育呢？是在馬太鞍嗎？」

「不是，他在富田（太巴塱）唸書！那邊是以前最先有學校的地方！」徐先生說。

「原來如此！」我回應道。富田就是太巴塱地區在日本時代的名字，當年馬太鞍地區改稱「上大和」後，太巴塱也改稱「富田」。

小時候的岡村俊昭在馬太鞍成長，但是都徒步經過馬太鞍溪流後去太巴塱公學校上課，日本官方於一八九七年於台東先設置台東國語傳習所後，又在一九〇〇年於太巴塱設立分班，成為當地最早的學校。在日本統治多年後，這兩個原先相互衝突的部落，也已經相對和平許多。

話盡於此，原來我當初在二〇一六年第一次找的太巴塱國小，正是岡村俊昭的母校。當時在橋上看溪水湍湍而流之處，也是過往岡村俊昭小時候上學涉溪而過之路線，不由得心頭一震。

徐先生則說，外婆葉鳳妹沒有受教育，因此不識字，只會阿美話和一點日文。男性的葉天送，也就是岡村俊昭相對受過小學教育。他也聽聞老一輩說，岡村小時候就展現出運動天賦，田徑與棒球等都好，像個馬拉松選手般，後來就被叫去日本打球了。

根據徐先生所言，岡村的姊姊葉鳳妹後來改信天主教，但是丈夫江巴西仍是最高位階的巫師。我也拿出那張當年在八重家拍的照片，徐先生則直言都是他的親戚。並開始指出他們。

「這邊姓葉的很少吧？」我問。

「對，很少。」徐先生說。

徐先生表示，當年能夠找到岡村一家人，全多虧了馬太鞍教會，也就是我探訪的宮岡的神社位置處的許伊度牧師。許牧師約在七〇年代左右去日本進修神學，透過不斷查訪才找到岡村俊昭一家人。消息傳回光復鄉里後，姊姊葉鳳妹也很高興，曾希望弟弟回來家鄉看看。

後來岡村俊昭因故未能成行後，則由許牧師召集親戚自費組團過去探望岡村俊昭一家人，因此才拍下當時這張相片。那時三十多歲的徐先生本來也想去，但是護照趕辦不及只能作罷。

許牧師日語流利，當時過去的親戚也大多受過日文教育、對話上沒有太大問題。徐先生還記得當時岡村還曾跟家鄉親戚說：「記得家鄉都是泥土和芭蕉樹，還傳說有魔鬼出沒。」當時家鄉的人則是笑回：「已經都是柏油路、鋼筋水泥建築了。」大家很開心外，還一起唱了阿美族〈伐木之歌〉等歌曲祝賀，當時還留有錄音帶。

說到此時，徐先生突然清了清喉嚨哼起那首〈伐木之歌〉。我很少聽到原住民的歌唱現場，清亮的歌聲讓我分外驚喜。以前葉鳳妹與丈夫的家族大多散居於附近，徐先生回憶小時候附近都是河流沼澤地，溪邊還有茂密的竹林、下雨漲潮時很可怕，大家都會說那邊「鬧鬼」，也難怪當年岡村俊昭談起回憶時，會聯想到這些東西。

戶政事務所

隔天，我跟江女士約在光復戶政事務所，想說拜見一下葉家的家譜。現今的法律中對於個人資料相當保密，起初戶政事務所人員看到我的漢人面孔還有點緊張，為求公開透明，我就在當場直接拜見戶籍。

攤開戶籍後，翻過數頁，只見頁面最尾端有一行字，上頭寫著：

葉天送，原姓名「岡村俊次郎」，自日據時代日軍軍屬來回，謹以設籍。民國肆壹年柒月壹日申請撤銷設籍登記。

「啊！原來葉天送日本名叫岡村俊次郎！」我驚嘆地說道並唸出「俊次郎」（Shunjiro）

三字的音讀。這也可以解釋之所以當年那張一九三三年甲子園出賽的明信片上會寫著「S. Okamura」了，也許在他的心中，還是記著當初改名前的俊次郎。但究竟是何時改名「俊昭」，可就不清楚了。

不過岡村俊昭在民國四十一年七月一日被除籍，這麼一推算，那年《舊金山和約》也正好於四月底生效。可能是二戰後，當時國民黨政府來台，開始調查戶籍，當時也問到姊姊葉鳳妹，但姊姊認為他的弟弟還在日本本土，只是沒有回來，因此先幫岡村設籍。由於遲遲未能聯絡上，因此一九五二年《舊金山和約》生效後，岡村俊昭沒有回台復籍，因此七月被撤籍了。

只是回顧一九五二年當時，岡村正忙於南海鷹一軍和二軍的大小事務，應該壓根兒沒有想到日本重新恢復國際地位、台日之間外交關係又發生巨大變化等事。等到當年九月底中華民國和日本在台北賓館簽訂《台北和約》後，至此恢復外交關係，岡村俊昭在台灣生活的戶籍也被「打叉」消失了。等到岡村動念想回台看的時候，又正好碰上一九七二年台日斷交後的複雜局勢，台灣當局在「查無此人」的情況下、加上當年戒嚴時代的嚴峻氛圍，認為突然申請的岡村「來歷不明」，後來給予拒絕，就算岡村拿出自己在台灣生活的證據，當時也是於事無補。

因此，唯一的方法就是岡村俊昭要取得日本國籍，爾後再辦護照回台。然而當年也因為岡村在日本的戶籍相對複雜，因此歸化日本人上也有困難，最後變成一生都以永居的身分居住在日本。這也是我在這幾年一連串採訪下，推測出來的結果。

本來我以為，岡村這個姓如同伊藤次郎、稻田照夫和西村喜章等，是當年西本願寺花蓮港別院住持武田善俊所取的姓，不過從家譜上看起來，家族每個人日本時代都是姓岡村，因此又不太像是武田善俊所取之姓。

由於岡村俊昭老家附近就在以前神社「上大和遙拜所」，也就是現在馬太鞍教會的「宮岡」下方不遠處。突然間，我像是領悟什麼般地大叫一聲：「啊！是因為在宮岡之下的村落，所以才叫岡村嗎？」

「嗯，應該是吧。」對於我突然恍然大悟下的高呼，江女士則是看了我一下後冷靜地回應。

二戰的國民黨統治後，一開始戶籍填寫比較凌亂，但大致上還是可以看出輪廓。當年由於不知道岡村俊昭是否尚在人世，因此職業也是「務農」、學歷也是「初農」畢業，出生日期則是一九〇六年，整整比去日本本土時登記的時間早了六年。不過聽岡村的三個子女稱，父親對農業事務是一竅不通，因此是否念過花蓮港農業補校，也是無法確定。

不過對我來說，總算是解了心中多年的疑惑，這種暢快感實在是無可言喻。

影中人

隨後不久，我仍在打聽當年這張照片中是否有人尚在世。後來聽說相片中的許伊度牧師的太太依舊健朗，因此在王村長的幫忙之下，我過一陣子後前往拜訪許師母。年長的許師母，除耳朵有點重聽外，氣色仍舊很好。但是由於師母只通阿美語與一點日語及中文，因此還要委請王村長幫忙翻譯。

許師母家的布置相當溫暖，有著教會般寧靜與安詳。裡頭除了教會相關的陳列物外，也有數張許伊度牧師生前的照片。坐定之後我隨即拿出當年的照片給師母看，師母看到照片後微笑指出她當年的樣子、說著當年好年輕外，還開玩笑稱：「哈哈，那時都沒有化妝。」一看到岡村俊昭照片，她則是用阿美語與日文交雜著講「岡村桑」。

根據許師母回憶，當年伊藤正雄從日本本土返鄉後，一直在光復當地教書，但是仍然有跟岡村俊昭家族保持通信聯繫。二戰後，某次因緣際會下，岡村俊昭姊姊葉鳳妹家族，有受過日本教育的族人跟伊藤家交談時，意外知道岡村俊昭仍在世，並在棒球隊「工作」，當時伊藤正雄也高興地回說：「我們當時好幾個人在日本，以前都是一起打棒球的！一起比賽的！」

只不過，當年台灣處於高度戒嚴體制，若不是達官顯貴或是有特別關係，根本無法隨意出國。直到一九七〇年代左右，當時馬太鞍教會的許伊度牧師得到前往大阪進修神學的機會，臨行之前拿著伊藤正雄家交付的簡單聯絡地址，踏上了旅程。

許牧師一抵達大阪後，馬上開始尋人任務。當年沒有智慧型手機，加上人生地不熟，許牧師就倚靠當地的警察幫忙協尋，找了快一年後，終於一路找到京都的岡村俊昭老家。只不過，當時岡村的太太重代對於不速之客來訪有點提防，加上七〇年代關西有些地方治安仍不好，暴力團擄人勒贖時有所聞。後來再經由多次日文說明下，許牧師才有機會跟岡村俊昭解釋來歷。

許師母說，光復鄉當年在日本時代有不少原住民前去大阪當地闖蕩，後來仍有一些人留在當地結婚成家，際遇和岡村俊昭很像。當時雙方約在共同友人家中見面，岡村俊昭一見到許牧師，便開口問：「你是哪一位的孩子？」許牧師則回：「我不是誰的孩子，我是西村老師的學生。」

岡村俊昭那時想起什麼似的，笑了笑並說：「喔！你是西村的學生啊！」

經查總督府舊檔案後，他們說的西村老師應是花蓮港出身的原住民教師西村憲次郎，曾經擔任過宮岡國民學校的教師，據稱西村老師來自太巴塱部落，正是當年岡村俊昭的兒時玩伴與同學。

後來許師母說明下，我也意外發現許牧師和我爺爺是同年生，一起就讀宮岡國民學校的，也許在當年都曾給那位西村憲次郎老師教過吧。

重新與岡村俊昭取得聯繫後，當修完神學課的許牧師回到台灣，便開始著手幫忙安排岡村俊昭回家鄉探親事宜。然而就如同前面所述，後來在申請護照上的認定等困難重重，岡村不得已放棄了返鄉的念頭。因此，許牧師才決定由家鄉光復這邊的葉鳳妹家族族人一起組團去京都探望他們。岡村俊昭見到姊姊的家族來訪，相當高興，還招待族人們去吃京都當地的高級燒肉，以表示對他們來訪的感謝。

爾後，許牧師仍是定期會去探望岡村俊昭，並且將大阪、京都當地活躍的阿美族人照片照下來，洗成幻燈片回去給族人們看。當中，也有岡村俊昭身穿職棒球衣的帥樣，後來在我陸續查訪中，不少老一輩當地原住民小時候都看過那套幻燈片。

當我問起，「那您知道岡村俊昭在哪隊嗎？」當時八十六歲的許師母即刻微笑用日文回答：「南海鷹！」

許師母當年也跟隨岡村的親戚探訪關西，因此在那時於友人家留下這張照片，時間約是一九八〇年代左右。當年跟岡村俊昭一齊唱的阿美族歌曲，也有部分是教會的詩歌。年少時期來到日本本土唸書，晚年的岡村，其實已經不太記得阿美族語，但是簡單會話還是可以。

許師母仍舊記得，在詢問岡村俊昭的原住民名時，岡村俊昭以清澈的眼神用阿美語回答：「我叫歐浪・法拉罕（Olam Falahan）。」

「歐浪」是阿美族話中高大又壯、精力旺盛、聰明之意。法拉罕則是母親的名字。許師母稱，這邊很多年輕人都叫做「歐浪」。而岡村俊昭的姊姊「拉門」葉鳳妹，「拉門」則是漂亮、亭亭玉立之意。我雖不懂阿美語，但也覺得這個名字很有美感。

而在重新聯絡上後，岡村俊昭的姊姊葉鳳妹也曾跟回來的許牧師邊開玩笑邊說：「為什麼我弟弟沒有跟許牧師一起回來！」葉鳳妹也是約莫那時才知道岡村俊昭結婚了也有小孩。不過在這之後，葉鳳妹在看了許牧師拍了一系列的幻燈片後，晚年時也常常跟族人們說：「我有個了不起的弟弟在日本喔！」

想不到當年我在第一次跟八重見面時，曾經半開玩笑地跟她說過的話，原來姊姊當年真的有說過。這也不意外，有個這麼出色的弟弟在日本職棒出人頭地，是誰都會覺得驕傲吧。而我在最終，也找到了岡村俊昭本來的原住民名。

不過許牧師在去了近十年左右後，岡村俊昭就因為身體愈來愈不好的因素，因此無法再見面。雖然雙方都有用日文通明信片和賀卡，但隨著岡村俊昭在京都過世、姊姊葉鳳妹過世，上一代人逐漸凋零、加上下一代的族人不諳日語，因此又逐漸斷了聯繫。

直到岡村的太太重代過世前後，許牧師曾寫信邀請岡村日本家人來家鄉光復看一看。但八重一家則是和旅行團來台觀光後順道抽空來鄉下幾個小時，因此印象不深，加上當時日語溝通不順暢，因此才以為純粹是來看「跟父親長得很像的朋友們」與民族表演而已。

前往內地尋夢

而至於當年岡村俊昭是什麼機緣下前往日本。根據岡村晚年對日媒回憶，他本來是在花蓮港廳內當「給仕」，也就是負責雜物、倒茶水的小弟。

後來在廳內舉辦的軟式棒球比賽中，被相中認為「資質不錯」，因此才被人問有沒有興趣去平安中學就讀。不過當初母親對於兒子要遠走他鄉唸書很捨不得，後來才在當年花蓮港廳的長官勸說下，依依不捨地讓孩子前往本土升學。只不過可惜的是，岡村母親也於不久後過世，母子無緣再相見。

而當年問岡村有沒有興趣去平安中學的這個「人」，有很大可能是西本願寺花蓮港別院的武田善俊，但也有可能是花蓮街長中村五九介，或是該花蓮廳港的長官，更有可能是花蓮港廳的廳長中田秀造。

岡村俊昭姊姊葉鳳妹生前曾跟族人回憶：「弟弟很善解人意，隨和好相處。」

許師母則回憶，岡村當時是提到有人和他說：「你腦筋好、很靈活，想不想多讀書？但當時大家都沒有錢……」應該當年是受到大家資助才能留學。

許師母回憶，當年許多阿美族原住民在滿十七、十八歲後，只要是身體力壯，多半都會被日本政府抓去勞役開蘇花公路。因此聰明的原住民多半會去想辦法升學、或是去日本本土。她認為岡村俊昭應該也是在這個脈絡下，覺得去日本本土唸書也不錯。根據資料，為了方便車輛通行，日本政府於一九二七年開始拓寬蘇花公路古道，於一九三二年四月通車，打造約一百二十公里，合計大型橋梁九座，隧道十四處的道路，並改稱「臨海道路」。該工事造成六十四人不幸罹難。

不論原因為何，從結論來看。應該是約在一九二八年秋季左右，「歐浪・法拉罕」在正式更名「岡村俊昭」後，在花蓮港當地仕紳的贊助下，拿著當年珍貴的行李箱，從花蓮港搭船出發，經由基隆轉船到達日本本土。

根據岡村晚年回憶中，他在一路航行一週左右後，來到了神戶港。在抵達港時，遠方就已經可看到伊藤次郎等人招手迎接他，岡村下船後以熟悉的阿美語和伊藤等人聊天，在前往三之宮搭火車後、一路進入京都，就此展開不平凡的棒球生涯奇幻之旅。

若不是當年許牧師的堅持，或許也就沒有辦法找到岡村俊昭本人，也沒有緣分帶領親戚家族前往關西當地、並且拍下這張照片。如果沒有這張照片，自然我也無法拿著照片到處問，也就無法出現這樣的結果。冥冥之中，似乎也是這些光復鄉的前輩們，在指引著我這個光復鄉的晚輩、再度前往去補足這個失去多年的連結。或許這也是種命中注定，讓我在許師母的家中，得到最大的慰藉。

努力多年後，終於盡力拼湊出成果，算是找到岡村俊昭了。

後記

二〇二二年六月初，我再度回到熟悉的花蓮縣光復鄉。自從二〇二〇年二月赴日工作以來，世界發生了翻天覆地的變化：在新冠疫情襲捲全世界下，沒有國家可以倖免於難，紛紛關上了交流的大門。國際旅遊變得艱難之外，回台灣的國人也必須忍受長達一至兩週的隔離時間。我在二〇二一年與二〇二二年的春節期間仍是有回來，並回光復鄉過年，但當時還是要隔離兩週，加上為了避免病毒傳染，幾乎是最小限度地與家人跟朋友保持互動，口罩在那時期也成為了標準配備。因此就算想拜訪岡村親戚，但都只能先忍耐等疫情過去。

等到二〇二二年六月回來時，隔離已經縮短至一週，當時住在台北市區內的飯店時，便想著「出關」後一定要回光復一趟，並跟岡村俊昭在台灣的親戚重新取得聯繫。

想不到時隔三年，他們依舊沒有忘記我，相當歡迎我的到訪。我依約騎著電動車，再度穿過黃綠色的油菜花田與稻田間、乘著初夏的暖風慢慢前往江女士家。等到抵達江女士家附近時，江女士已經在門口等我，後方還有許多族人，當時接近中午時分，已經有不少人在準備中飯。

江女士對我微笑地說：「他們都是岡村的遠房親戚喔！」一旁還有其他族人開玩笑說：「要跟她聊天要快！否則等下她喝酒就不會理人了！」

隨後我看著族人忙進忙出，本想著手持著伴手禮，遞交後便匆匆告別、以不打擾他們為原則。此時一個三十出頭的女性端著菜出現，與我四目相望，我看著她，有股說不出的親切感，想了一下後，便開口問：「請問妳是……？我們是不是見過？」

那女的突然嫣然一笑說：「我是中華女足的王湘惠啊！」

「啊，對對！我以前採訪過妳！有印象！」我驚訝回。

事實上，岡村一家除了岡村俊昭外，姊姊葉鳳妹家族也有不少運動健將，其中最多的就是女足，除了隊長王湘惠之外，也有何夢華與何夢婷等前女足英雄，都是出自葉鳳妹家族。而棒球方面，則是出了中信兄弟的投手江忠城，岡村一家在棒球或是足球下，都有顯赫的家世與戰功。

而在回來台灣前，我也抽時間先去一趟京都，並跟岡村的家人們報告了有關岡村俊昭身世的問題。子女三人加上孫輩一同聆聽外，甚至外孫女還用錄影裝置記錄下來，讓我不由得像是專案報告般的慎重。尤其因為疫情肆虐下，由於擔心近距離傳染的問題，我也遲遲不太敢跟岡村俊昭一家提起訪問的事。不過看到他們聽完後恍然大悟的樣貌，心中也不由得放下大石，對於岡村姓氏由來也認為我的推論甚為合理。外孫女朋子還笑著說，原來外公在台灣時就是混血，「聽起來蠻酷的」。

時空背景下的自我認同

在現代社會，一提起「混血」或是「外國」等，已經不是那麼稀奇。不過如果要推到一百多年前，當時的時空背景下，可就是相對辛苦了。在一九二八年，不滿十七歲的青少年「歐浪」在改名「岡村俊昭」後，一個人提起行李箱前往日本本土、而且又是在最思想傳統的古都京都打拼，想必是非常辛苦的。一個人在他鄉，面對各種文化衝擊、人生地不熟等，勢必需要時間。

不過，岡村俊昭也相當爭氣，在當時的時空背景下，努力精進棒球技術，並在平安中學拿下了第四棒的位置，並以九次出賽甲子園的紀錄，成為史上最高紀錄保持人。跟前輩伊藤次郎、稻田照夫、伊藤正雄與英年早逝的西村喜章般，他們的威猛讓原住民贏得台灣本島人的尊敬外，到了日本本土也受到日本人尊敬。隨後他們也各自拿到機會，紛紛前往法政大學、日本大學等就讀。透過棒球與教育，他們也改變自己的命運，導正當時人們的既有成見。

特別是岡村俊昭，在大學也拿下東都棒球聯盟的打擊王，畢業後隨即投身職業棒球，成為日本職棒草創時期的台灣原住民球員。經由十年的球員生涯後，再度以球團的首席教練、二軍總教練等培育後進，替日本的社會及棒球推廣等做出貢獻。岡村俊昭透過棒球技術，實現了民族平等、博得了京都當地人的喜愛，也讓他在晚年時受到京都當地人的尊敬。

岡村俊昭娶了京都當地女性重代為妻，當時可能也有很多不為人知的過去。雖然岡村無法在戶籍上跟家人們一起，但也許在當下時空背景中，真的有許多眉角是無法預料的。原本我以為岡村是否在當地有受到委屈，不過後來想想，其實太太重代一直透過不一樣的方式在保護丈夫。特別是台灣的中華民國在一九五二年的《舊金山和約》後，在日台灣人可獲得中華民國國籍，但當時許多在日台灣人回到台灣後，對於國民黨的戒嚴體制、強迫學習中文、認同祖國「錦繡江山」等紛紛感到不適應，後來又紛紛逃往日本、美國與香港等，甚至誘發了獨立運動，台灣的那段白色恐怖時期，後來也成為歷史的創傷。

而等到一九七二年時，中華民國又和日本斷交，當時國民黨並開始翻天覆地搞起反日運動，各種電影與宣傳應運而生。而岡村俊昭又在當時動了返鄉的念頭，卻因為身分認證與肅殺的時空背景下，讓他也斷了歸鄉探望之路。但如果當時岡村俊昭回到家鄉，看到人事已非，大家說著一口流利中文與母語、討論著不一樣的歷史情懷時，不知道會作何感想？就如同當年從印尼戰場衣錦還鄉的李光輝（日名中村輝夫、原住民名史尼育唔），雖然回到家鄉，但看到故土變化氣象萬千，沒過多久就病逝。或許岡村的太太重代也在私下一直保護著岡村俊昭，不然再度受到新的文化衝擊，可能對當時六十多歲的岡村來說太過巨大。

但無可諱言，從伊藤次郎到岡村俊昭，他們都是在當時跨越了文化障礙，也不約而同的入贅妻子家。在近百年前讓日本本土、甚至最傳統的京都地區都見識到阿美族原住民的英勇的表現，促進不同群體之間的理解與和平共處。現在社會大家都會討論可持續發展目標（Sustainable Development Goals, SDGs）及身分認同的概念，這些原住民選手當年的奮鬥，也是為了要促進對於多元文化和身分認同的理解。因此就歷史里程碑的重要性而言，岡村俊昭與能高團的伊藤次郎等團員，都應該被列為台灣棒球名人堂的一員。

多元文化下的孤獨

岡村俊昭已過世許久，但如果問及他的身分認同，我想或許他自己也體認到，就算自己成為日本人，也是種獨一無二的存在。他說著一口標準的東京腔日語、卻在京都生活超過六十年至終老，一臉阿美族原住民面孔。如果岡村生前能問到他的身分認同，我相信他會跟回答女兒八重般那樣說：「我是從花蓮港來的，那邊是個很美的地方。」而非單純「台灣人」或「日本人」那樣一刀切的答案。身體的阿美族、精神的日本人、身分認同的花蓮港人，這應該就是我對岡村俊昭自我認同的推測。

這或許也是一種當年多元文化仍相當含蓄的年代時的一種自我保護吧。殘酷地說，如果是白人皮膚，就會感受到多元文化下的包容，但其他有色人種，就是多元文化下的孤獨。因此有些非白種人的人，為了成為日本人，會把自己裝得很像是日本人，反而會開始排斥自身的文化與歷史。這在我從二〇二〇年來到日本工作後，都時常能夠體會，更遑論是近百年前的日本本土，當時的壓抑是可想而知的。能夠撐過當時的艱苦時期，岡村俊昭與伊藤次郎等人，都是相當了不起的跨世代棒球人。

我這幾年幾乎是以接近跟蹤狂的性格，不斷在找尋有關岡村俊昭的資料，透過當時的新聞希望更可以了解岡村俊昭的心態。原先我對岡村的三子女對父親的工作印象稀薄也感到訝異，但轉念一想，就如同是一般的父親，我們平常大概也不會過問自己父親的工作情況；就算問了，也不是可以在同一層面上討論的標準。因此在第七部裡，這些子女們對父親瑣事的回憶，反而讓他們聊起來意猶未盡。

永井教授後來笑稱，我已經變成「岡村宅」，我也笑著回應稱「確實如此」。從剛開始的懵懂無知隨便問，到後來認真去查當時的時空背景、甚至把國會圖書館當成家。原本從二〇二二年中起我就斷斷續續開始寫作，但無論如何就是不得要領。後來轉念一想，何不把我追尋的這段過程寫成書？因此才有了這本書的雛形，承蒙大塊文化的厚愛，讓這本書得以出版。我沒有寫過博士論文，但希望這本書能對這八年來的追尋，當成是個非正式的博士論文。在資訊爆炸的年代，希望仍能夠留下細水長流的紀錄。

當然，作為新聞記者，我們或許永遠無法知道所有真相，但我們能做到的是，盡量接近到所有的真相。我相信岡村俊昭還有一些事蹟可以持續挖掘，可能尋找岡村俊昭的旅程還會持續下去。不過更多不為外人所知的事情，也就只有是岡村俊昭和太太重代間才知道的永遠祕密了。

「再重新認識這裡」

拜別葉鳳妹家族前，他們邀請我與他們家一同共進午餐，讓我甚為感激。其實不只是岡村俊昭的一生，就連我自己，透過尋找岡村俊昭的路上，更了解自己家鄉花蓮縣與光復鄉、認識了更多以前從未認識的原住民朋友，讓身為漢人的我更了解原住民歷史與文化精神。

吃完飯後，我再度騎著電動車悠悠地回家，途經油菜花田時，我突然像是想起什麼一般，轉念往左一直騎，騎過光復溪後抵達太巴塱國小。這間我二〇一六年尋找岡村俊昭的起點，原本以為問了發現什麼都沒有，心想大概無法找到了；想不到多年後，居然才知道是岡村俊昭當年唸書的母校。定睛看了許久，真覺得緣分就是那麼奇妙。

此刻，我突然想起詩人艾略特（T. S. Eliot）的詩：

We shall not cease from exploration
我們將不斷探索，
And the end of all our exploring
而那探索的盡頭，
Will be to arrive where we started
即是抵達出發之地，
And know the place for the first time.
並再重新認識這裡。

旅行的最後，果然還是會回到最初的起點，並且再度認識該地方吧，最終我還是回來了。突然一瞬間，覺得小時候老爸跟我說的果然沒錯，在台灣原住民棒球選手裡，史上第一位進軍日本職棒的伊藤次郎，來自光復鄉；史上第一位拿下日職打擊王的岡村俊昭，來自光復鄉；史上第一位站上美國職棒大聯盟並拿下勝投的曹錦輝，也是來自光復鄉。還有數不盡的阿美族棒球好手，光復鄉的馬太鞍與太巴塱，果然真是個地靈人傑的地方。

面對當時因為疫情而無法隨意進入的太巴塱國小校門，我不由得深深九十度鞠了躬後，再度騎上電動車，慢慢往回家的方向駛去。

這本書的完成，有賴關西大學永井良和教授的不斷鞭策與幫忙，以及岡村家族、武田家族、葉鳳妹家族與許師母，還有前南海鷹球團的岡本伊三美與梶田睦願意受訪。

此外也要銘謝當初邀我做這個題目的L社長與S編輯；還有前鳴人堂的總編輯許伯崧等人，給我文章發表的機會並將我介紹給L社長，才開啟了這一路的故事。

也要感謝BBC中文的前輩們，是你們教導我「以小見大」的寫作方式，不斷給我報導寫作機會。還有Nippon.com日本網與德國之聲中文的同仁、及教導我如何看報紙排版的

《每日新聞》福岡靜哉、及當時各媒體的台北支局長們：《朝日新聞》的西本秀、《產經新聞》的田中靖人、《共同通信》的鹽澤英一、《時事通信》的佐佐木宏與《日本經濟新聞》的伊原健作等給我鼓勵。當然還有其他日本記者前輩與國內外媒體前輩的不吝建議。

另外更感謝家人支持，包括奶奶、父母親、哥哥仲閔與弟弟仲棠，以及鄭家家族。

僅將此書獻給二〇二一年過世的爺爺鄭國珍，當年您過世，因為疫情讓孫子無法回鄉祭拜，對此真心感到抱歉。

鄭仲嵐 於 日本東京

附錄

能高團的其後

就讀法政的伊藤次郎與稻田照夫

追尋完了岡村俊昭的一生，除了波瀾萬丈之外，更在其中發現不少有關花蓮港、以及能高團團員之後的相關資料。不單是前往平安中學留學的伊藤次郎、稻田照夫、西村喜章與伊藤正雄外，在這邊也彙整一些能高團解散之後，其他團員們的大致脈絡。

網路上不少資訊都顯示，伊藤次郎畢業之後加入日本職棒新成立的東京參議員隊、而稻田照夫則是在東京中野「開米店」，都沒有回台。不過這當中有些誤區，再經過報紙查證後，其實兩人當初都有回到花蓮港就業、也當過隊友，以下一併說明。

伊藤次郎和稻田照夫於一九三一年從平安中學畢業後，雙雙進入東京的法政大學就讀，並加入棒球隊。法政大學是「東京六大學棒球聯盟」的名校，與早稻田、慶應等皆有悠久的棒球歷史與傳統。球隊的主場在今天西武新宿線「新井藥師前」的空地，跟當年平安中學尋找借宿方式同樣，學校也是委請旁邊住家擠出空間當寄宿家庭、並給予營養金等來養育球員。

值得關注的是，事後查報紙才知道，原來當年日本大學棒球隊也曾想「攔胡」伊藤次郎和稻田照夫，在兩人畢業前，總教練富岡就先直接赴京都平安中學交涉。原先兩人已經決定要去法政大學唸書，但是日大總教練不領情，還一度想要畢業後直接帶走兩人，讓校方不得不重視此事。

因此，第四部中提及岡村俊昭在老年時曾回憶本來要去唸早稻田、後來被硬帶去日本大學一事，可說是有先例。一九三一年時東都大學棒球聯盟的前身「五大學聯盟」剛成立，求才若渴的日大，可能就是太需要球員而出此下策。

進入法政大學唸書後，伊藤次郎起初並沒有受到重用，而稻田照夫則是就讀法律系，一進入球隊就坐穩了二壘手的位置。伊藤一直到隔年之後才開始爆發，並跟中國留學生隊友劉瀨章組成搭檔，當時隊上的王牌則是日裔夏威夷留學生學長若林忠志，若林後來加入阪神虎等，生涯兩百三十七勝、一百四十四敗成績，獲選為名人堂球星。

岡村俊昭在南海鷹的好搭檔「親分」鶴岡一人，也在一九三四年進入法政，成為伊藤和稻田的學弟。當時正逢法政大學的第一度黃金期，一九三二年拿下第二次冠軍後、一九三四年的單季賽制中再度拿下冠軍，鶴岡也持續成長為大學的看板球星。與此同時，稻田也以二壘手身分替球隊立下不少汗馬功勞。直到一九三五年的春季聯賽，伊藤的實力再度大爆發，鏖戰兩個多月後，在與早稻田大學的冠軍戰中成功帶領法政大學以六比五奪下春季優勝。伊藤在大學生涯留下五勝二敗的戰績，是繼若林忠志後的第二王牌。

緊接著而來的，就是一九三六年春天，伊藤跟稻田兩人將從大學畢業。如前所述，網路上可查的，都是伊藤次郎畢業後就加入當時日本職棒新成立的東京參議員隊。但經查當年報紙之後，伊藤次郎其實是十月底才加入職棒的，以職棒來說已經完全接近賽季尾聲。

因此，伊藤次郎三月底畢業後，到十月的這段期間到底跑去哪裡？就成為我關注的項目。後來才發現，伊藤和稻田曾經都想完成故鄉花蓮港的「棒球夢」，而故事可從台灣當年參加社會人棒球盛事「都市對抗野球大會」說起。

把平安王朝搬來花蓮港

「都市對抗野球大會」是由每日新聞社主辦，每年夏天時期的社會人棒球盛事。參加的自治體是以「市」等自治體為單位，通常是代表該鄉鎮市的企業。早期創立時，因為以企業為主體的現象仍不明確，因此除了企業之外，也可以用地名參賽。都市對抗野球大會的傳統，除了舉辦各區預賽之外，預賽的冠軍企業也可以邀請同區域企業的好手（最多兩人）來一起參賽，頗有地區融合感的意味。

都市對抗野球大會從一九二七年開辦首屆以來，除了看棒球，也可以欣賞每個自治體當地的傳統舞蹈或是加油方式。因此不只是看比賽，也可以跟當地歌謠載歌載舞，成為一個文化宣傳。台灣地區則是從一九三〇年的第四屆開始就先參加，起初都是以傳統棒球恆強的台北之「交通團」為主。隨著賽事愈來愈熱鬧，除了台北之外，台南、台中等也開始陸續參賽。

看到各地區社會人球隊開始組建，花蓮港廳自然也對社會人棒球冠軍躍躍欲試，從一九三四年起就開始參與都市對抗大會台灣選拔，團長是中村五九介、總教練則是前能高團的教頭門馬經祐。不過花蓮港廳第一年就以二比三輸給高雄團，第二年則是先勝了台中團後，就碰到連日下雨，最後因為船期與工作等問題不得不棄權。因此等到一九三六年的第三度參賽，當時是勢在必得。而前面提及，即將從法政畢業的伊藤次郎和稻田照夫，自然是花蓮港廳要爭取的補強球員。

早在伊藤跟稻田從畢業前，花蓮港廳野球部長中村五九介就已經展開斡旋，憑著三寸不爛之舌說服兩人進入全花蓮港廳球隊。根據報載，兩人當年還簽了合約，隨後花蓮港廳又從台北第一師範、大分商業和愛知縣一宮中學等挖來潛力新秀等共五人，設定好進軍本年度都市對抗野球大會東京決賽圈的目標，準備開始猛力練習。

伊藤和稻田在一九三六年三月二十八日正式畢業前，兩人先一路搭船回花蓮港，受到熱烈歡迎。

稻田照夫在一九三六年畢業前，先與東京的石川商會千金小姐在東京的築地本願寺結婚，並在畢業後，決定回到花蓮港廳工作，在薄薄公學校（現宜昌國小）教書。稻田的結婚也有賴平安中學的學長幫忙作媒，當時蔚為當地媒體稱頌。稻田在受訪時也稱太太很有主見「跟台灣女孩子很像」，加上太太老家二樓以前有給法政球員寄宿過，某種程度上，稻田的婚姻也跟岡村很類似，都是與寄宿家庭的女兒結婚。

結婚當時，稻田穿著學生服、一頭旁分的頭髮相當爽朗，太太則是盤著頭髮害羞微笑，這也是目前少數所能找到稻田的年輕時近拍照。稻田結婚後，先行一步於三月初回到花蓮港，並回到下勝灣老家報告結婚一事。當時他還跟媒體害羞表示：「在報紙上看到自己結婚照很不好意思。」太太則是於當年夏天渡台定居。

結婚後的稻田於一九三七年改姓石川，戶籍則是從花蓮港搖身一變，成為東京下谷區仲御徒町（現台東區），但仍是居住於花蓮港附近，女兒並於隨後出生。其中，他也在薄薄公學校教棒球，並帶領少年棒球隊比賽。

而伊藤次郎則是於一九三六年三月中左右回到台灣，穿著學生服下船的他，也受到媒體包圍。面對記者詢問稻田跟日本內地人的婚姻「感覺如何？」時，伊藤則稱：「沒什麼啊！」記者持續緊追並問，「那你有意中人嗎？」伊藤則是邊回：「目前是還沒有。」一邊快速閃開媒體而走，可見當時媒體對於前能高團團員的緊追與些許八卦新聞味。

當時即有傳言，伊藤會去打剛成立的日本職棒，伊藤也說：「有很多人來問（打職棒），但是我的決心未變，也沒有職業棒球隊來接觸。」根據當時總督府紀錄，一九三六年一位名字也叫「伊藤次郎」的花蓮港人，被安排進花蓮港廳稅務課工作，就是法政的伊藤次郎。為了要推廣花蓮，中村五九介想必是動用不少人脈安排工作給伊藤。

伊藤與稻田回來，正逢花蓮港廳的地方法院開幕，花蓮港廳分別在三月二十一日、二十二日，以及四月十八日、十九日兩天在花崗山球場安排了與台東廳的「交歡比賽」，四月這兩場花蓮港軍先是以十比一大勝、再以五比十落敗。

平安健兒們同心協力

然而，就在回台約半年後，伊藤次郎還是決定再度離鄉背井，決定在十月二十三日加入職棒的東京參議員隊，並在兵庫縣寶塚大會的比賽上正式上場於右外野守備。根據當時報紙報導，伊藤次郎的離去讓武田善俊及中村五九介相當錯愕，原先前往平安中學唸書時，他們曾跟伊藤等人約法三章，要他們畢業後回台效力、且不能加入職業球團，但伊藤次郎心意已決。中村心灰意冷之餘，也跟花蓮港廳長遞出辭呈，辭去體育協會花蓮港支部野球部長的職位，報紙當時還稱伊藤次郎已成為「忘恩背信」之徒，受盡鄉里人士指責，可說是相當嚴重的指控。

究竟是什麼原因，讓才剛剛回到花蓮港廳落腳，找到工作的伊藤決定回到日本本土？至今已經是個謎，或許就跟一般人一樣，在工作上遇到了不順，抑或是他仍抱有棒球夢，不甘屈於一份穩定工作，想要更挑戰自我。至於成功挖角伊藤的是誰？從客觀上來說，應該就是參議員隊當年的二壘手，後來成為總教練的苅田久德。同樣畢業於法政大學的苅田，是伊藤的學長，彼此之間都有聯繫，可能苅田捎了封信給伊藤勸說，讓當時快滿二十七歲的伊藤決定再出去闖一闖。

伊藤次郎離開後，花蓮港廳隊一度缺少王牌投手，好在花蓮港鐵道局工作的尾行正（畢業於台北工業）補上王牌缺。伊藤次郎的弟弟正雄也在花蓮港廳隊陣容，因此仍有實力一搏。而且，來自平安中學的後援又更強大了。為何如此說？因為當年在甲子園和岡村俊昭一同奮戰的王牌投手高木正雄，其搭檔捕手堀添篤磨，也在畢業後來到花蓮港廳工作，擔任庶務課的檢稅吏外，並成為廳團捕手。還有跟伊藤正雄同期就讀平安中學的三壘手中村健一、後來前往名校早稻田大學升學，一九三七年畢業後也被招聘至花蓮港廳工作，擔任廳團三壘手。

而究竟是誰把這些平安強者叫過來的？不作第二人想，自然是西本願寺花蓮港別院的「平安大學長」武田善俊了吧！作為一九一三年從平安畢業的學長，拜託一九二一年畢業的學弟佐藤秀吉來執教，自然不是難事。隨後學長拉學弟，把畢業的伊藤次郎、稻田、伊藤正雄、堀添和中村等陸續叫來，讓這些平安學弟們在花蓮港當地繼續傳播棒球熱情，當年的花蓮港廳球隊打造方式，可說是原封不動地把「平安王朝」時期的優秀成員一一挖角後，搬來花蓮港，不得不說很有遠見。在當年的預賽上，或許可以想像花蓮港廳阿美族的舞蹈加油方式在一旁載歌載舞。

伊藤與稻田兩人從能高團時期就一直搭檔，到平安中學、法政大學、甚至花蓮港團亦是如此。縱使伊藤次郎只不過待了不到半年，伊藤次郎決定再度離開老家花蓮港，前往日本本土新成立的職棒打拼，可說是相當有勇氣。只不過，當年業界對於職棒大多是嗤之以鼻、甚至認為是「男藝伎」棒球，因此大多數參加職棒、不去「好好工作」的人都會被校友會除名。

鶴岡一人生前曾回憶，加入職棒前，校友會一度來函要除名他，後來在知名人士斡旋下才免於除名，但是棒球隊畢業的紀念手錶等東西他就都沒拿到。後來查詢法政大學於一九四一年的校友名鑑，有關伊藤次郎也只有在名簿上寫著「伊藤次郎，參議員棒球隊」等，其他生平小傳等皆一律未提及，反倒是稻田照夫的介紹就相當紮實，可能當年投身職棒，讓伊藤次郎也變相地被校友會矮化。

隔年花蓮港團雖然少了伊藤次郎，但在這些平安子弟賣力下，仍是於首戰六比五扳倒台南鹽水港製糖的「新營團」，但仍是在第二場以零比九敗給宿敵高雄團，未能如願。然而，隨著中日戰爭爆發後美日關係緊張，花蓮港廳的戰略地位日漸重要，一九三八年後花蓮港廳就沒有出賽都市對抗野球的紀錄，最後一年的一九四二年，則是只有台北、台中和台南三團出賽。平安中學、也是岡村俊昭日大老學長的香椎瑞穗，則是代表台北團參賽到一九四二年最後一屆，對於台北市當地的社會人棒球也有諸多貢獻。

伊藤次郎在參議員隊投到一九三九年後，留下生涯十勝、十六敗的投球成績、與四百零四個打數中七十四支安打的表現後，就如同櫻花一般地消失。爾後根據鶴岡一人老年回顧，伊藤隨後在結婚後改姓「田子」，約於一九七〇年代前就病故。而稻田照夫在花蓮港一直教書到二戰結束，因為結婚而本籍變成「東京」的稻田，明明是花蓮港人，在二戰後居然也成為被遣返的對象，跟著妻子一同回到東京居住。

等前TBS廣播作家鈴木明於一九七〇年代探訪稻田一家時，稻田已經中風臥病在床，晚年半身不遂。遣返到東京後的稻田，似乎相當不適應都市生活，找工作也處處碰壁，最後成為建築工地相關技術的職人。晚年時稻田的太太曾跟鈴木明說：「如果是我看的話，果然還是花蓮港的生活可能比較幸福的吧。」那十年在花蓮港的生活對稻田來說，無疑是最放鬆的時刻，在肥沃的花蓮港大地教書，過著一個阿美族人的自由生活。但是在被遣返回東京後，一切只能成為幻影。

如果說，在八〇年代就有人可以先採訪到當時仍在世的鶴岡一人和苅田久德的話，或許伊藤次郎和稻田照夫的下落會更清楚也說不定。

伊藤弟弟「羅沙威」伊藤正雄，則是從平安中學畢業後，回到花蓮港薄薄公學校教書。雖然網路上也有他去法政大學唸書的說法，但是法政的校友名鑑上查無此人、各項法政的比賽中也未看見伊藤正雄的影子，加上一九三四年伊藤正雄就有在公學校教書的紀錄，當年首度參賽的花蓮港廳王牌投手也叫「伊藤」，或許正是正雄，因此推估應是直接回來教書。伊藤正雄在後來結婚後改姓「稲田」，並在二戰後被改漢姓名成「莊初明」，一直在太巴塱當地教書與教棒球終老，可說是貢獻甚大。

而能高團方面，「查屋馬」相馬孝雄則是一直在花蓮港廳鐵道局工作直到二戰結束。當年鈴木明約於一九七〇年左右探訪時，查屋馬已經過世。其中包括歐新、阿拉比茲等也都不在人世。

可幸的是，鈴木仍找到了當年仍在大清水地區的教會服務的老捕手辜茂得，當年七十多歲的他身體仍相當硬朗，面對鈴木的訪問，談起當年的能高團時，謙稱自己棒球能力也還好而已，笑稱：「我也不是什麼強打者，可能我長得比較高大一點，所以才會選為隊長的吧！」

晚年在當地教會當牧師的他，生活怡然自得。對比一九二五年能高團訪日時辜茂得的訪問，謙虛的性格仍一如繼往。回憶起能高團在甲子園的比賽，更是如數家珍。「全部的日本人，不只替日本本地隊伍、也都為我們加油，真的很高興。」

當年能高團的托依魯，則是從花蓮港農業補校畢業後，在我家鄉光復鄉的太巴塱公學校教書。花蓮港和台東都各有一位「薩拉烏」，他們兩位是都在公學校教書，後來預計都是改日本姓，這些能高團團員在解散後，並未真正消失，都或多或少成為了花蓮港發展經濟、甚至棒球的中流砥柱。

「第二能高團」花蓮港中學

另外值得一提的，就是「第二能高團」花蓮港中學。

日本在統治花蓮港後，當地長年缺乏中等教育，尤其是中學和女中，在經由中村五九介與仕紳們多年請願下，花蓮港中學（簡稱花中）終於在一九三六年設立。設立之初花中隨即創立棒球校隊，目標自然是甲子園冠軍。為了達成目標，校長堀辰巳特別委請平安中學大前輩、同時也是岡村俊昭就讀平安中學時期的總教練小笹清一，在一九三六年卸任平安中學總教練後，一九三七年來就任花中棒球隊的總教練。

當時的游擊手松下四郎曾回憶，在南國的酷暑中天天練球，校長有時都會在旁邊觀看，並時不時激勵小選手們。不只是日本人、還有漢人和已經改日本名的原住民等，讓這支球隊也充滿「三民族」融合色彩。

不過創隊不久，總教練小笹就接到了兵單，不得不前往前線服役，還在草創期的花中失去總教練，一度讓隊員人心不安。而在這時緊急幫忙代理總教練的，正是能高團與平安的大學長稻田照夫。游擊手松下四郎的回憶中稱：「（稻田）身體雖然矮小，但是如飛毛腿般的靈動跑壘與滑壘技巧的美妙，真的讓內野手的我感到相當有魅力。」

不只稻田，花蓮港鐵道棒球隊的隊員也來充當教練，一同跟花中棒球隊揮汗。

一九三八年七月，花中正式參加夏季甲子園的台灣預選，首戰出陣前媒體已經將其稱作「第二能高團」、「東台灣荒鷲」等異名。在開賽前官方舉辦的茶敘上，花中隊長和田拓造致詞時還感性地說：「球神！希望您賜給花中首戰好運！」只不過，花中首戰就碰到強勁的對手嘉義中學，前八局都以七比六領先，無奈在最後一局遭到嘉中逆轉，結果以七比八，僅僅一分飲恨。

當年花中首屆學生最多只到三年級生，實力與都是四、五年級生為主的對手仍有差距。松下四郎後來說，大家淚眼汪汪地互相激勵「明年再加油來過」的畫面，一生也忘不了。

爾後等到小笹從前線服役結束解召回來後，更是大力訓練花中，短短數年便有極大成長。等到一九四一年七月二十四日，甲子園台灣預選在台大球場開幕，花中出戰台中商業，再度以一比三飲恨，名校嘉義農林則是以十比零大勝高雄商業。

只是，長久的辛苦練習終究沒有白費，等到當年九月底，好運降臨給花中。在圓山球場舉辦的全島秋季中等棒球大會，花中在連續三天的熱戰中、正式打敗了嘉中後，最後以一比零力克嘉農奪下秋季冠軍。這個冠軍等於實質是隔一年春季甲子園被選拔進去的重要關鍵，花中終於有望迎來首屆甲子園門票。

只不過無奈的是，隨著日本在太平洋戰場上的狀況持續擴大，最後一九四二年春季甲子園也無法舉辦，有望被選中的花蓮港中學，也就失去了唯一一次機會。當年的花蓮港棒球隊員佐藤恆光在老年時曾回憶：「能夠跟甲子園超人氣的嘉農比賽就已經很興奮了，還能奪下冠軍，當時整個身體都飄飄然到空中了。」

不該被忘記的貢獻者

從上述看來，一九二六年的能高團解散後，花蓮港仍是維持著相當豐富的棒球活力。尤其是一九三四年，對於花蓮港的棒球推廣，可說是更上一層樓的重要一年，擺脫過去的實業團與鐵道棒球，真正進化到一個花蓮自治體的概念，參加都市對抗野球大會。而一九三六年成立的花中棒球隊，更是請平安中學的前總教練渡海來花蓮指導，不論花蓮港廳或是花中，平安的校友們都在裡面不吝嗇教導棒球，更可以看見武田善俊在裡面居中穿梭的用心。

此外，維持棒球隊發展，還要靠當地官員仕紳的支持。從過去廳長江口良三郎的推廣，花蓮街極富人望的中村五九介有錢出錢、有力出力，鹽水港製糖的槙哲、《東臺灣新報》的梅野清太等，都是花蓮港當地推廣棒球的第一人。他們提供了穩定的平台，讓原住民們可以盡情地表現，林桂興的推廣固然很重要，但這些貢獻者們的辛勞也不應該被忘記，他們的努力都讓花蓮當地棒球的發展滋潤更多養分。

而最後一個問題，在第一部也曾提到過，以前網路上曾出現過岡村俊昭是「能高團候補」一事。雖然在戶籍上寫著「初農」，但是當時戶籍登記混亂、加上子女表示父親沒有任何農業專長，因此我比較傾向岡村俊昭不是能高團團員，而是當年一位公學校畢業後、去花蓮港中心的花蓮街討生活時，因為軟式棒球打得好而意外被發掘的人。而當年岡村為何會打棒球，想必就是當時的鹽水港製糖大和工廠，也就是我老家的光復糖廠設廠後，日本人紛紛來此地工作、閒暇之餘打棒球，才讓當地原住民們也開始學棒球，造就了光復鄉今日棒球強韌的基礎。

但無論岡村俊昭是否為能高團，在最後日本中央終於也重視到了花蓮建港的重要性，從一九三一年起至一九三九年間，分八年時間撥款共七百萬日圓整建花蓮港。

一九三九年的十月二日，花蓮港第一期正式完工。開港儀式現場有來自全台各地的嘉賓共七百多人。從早上九點的大船「武昌丸」進港開始，現場就響起熱烈掌聲，當時擔任開港祝賀委員會長的梅野清太，在發言時相當感謝花蓮港各界人士的齊心協力，期許往後日本人、漢人和原住民一同創造和諧一致的在地社會。

隨後祝賀的飛機飛越上空、撒下十萬張慶賀宣傳單。伴隨著阿美族勇士與女子們的舞蹈，眾人一同舉酒慶賀。中午起開始舉辦園遊會、下午舉辦船隻展示航行、入夜之後更是有提燈籠賞螢火蟲及花火大會。燈火通明的這天，也是二戰結束前花蓮港最燦爛的一夜。

當然，梅野清太一行人也沒有忘記前人的辛勞，在典禮開始前，先前往已故的江口良三郎及原脩次郎的銅像前鞠躬，舉辦「奉告祭」告慰花蓮地區開發者之先靈。

花蓮港最後也於一九四〇年升格為市，在當地仕紳的一同努力下，完成建港之夢，成為大港城市了。

參考書目

報紙新聞

《Sports Nippon》、《二六新報》、《中央新聞》、《日刊體育》、《日本經濟新聞》、《每日新聞》、《京都日日新聞》、《京都日出新聞》、《京都新聞》、《時事新報》、《國民新聞》、《產經新聞》、《產經體育》、《都新聞》、《朝日新聞》、《萬朝報》、《臺灣日日新報》、《讀賣新聞》。

雜誌

《文藝春秋》、《野球界》、《週刊棒球》、《週刊讀賣》。

書籍

山口政治，《東台湾開発史—花蓮港とタロコ—》，東京：中日産経資訊，一九九九。
日本大学経済学部七十年史編集委員会編，《日本大学経済学部七十年史》，東京：日本大学経済学部，一九七九。
平安学園，《平安野球部一百年史》，京都：平安学園，二〇〇八。
平安高等学校野球部史編集委員会編纂，《平安野球部史》，京都：平安学園，一九八五。
永井良和，《ホークスの七十年：惜別と再会の球譜》，東京：ソフトバンククリエイティブ，二〇〇八。
永井良和、橋爪紳也，《南海ホークスがあったころ：野球ファンとパ・リーグの文化史》，東京：河出書房新社，二〇一〇。
永井良和著、ベースボールマガジン編集部編，《南海ホークス一九三八年—一九八八年：「反発」の力が生む輝きと挫折》，東京：ベースボール・マガジン社，二〇二二。
坂本邦夫，《紀元二六〇〇年の満州リーグ：帝国日本とプロ野球》，東京：岩波書店，二〇二〇。

京都府高等学校野球連盟編，《京都高校野球史》，京都：京都府高等学校野球連盟，一九六七。
東都大学野球連盟編，《東都大学野球連盟七十年史》，東京：東都大学野球連盟，二〇一一。
法政大学校友名鑑刊行会編，《法政大学校友名鑑》，東京：法政大学校友名鑑刊行会，一九四一。
長沼石根，《月見草の唄：野村克也物語》，東京：朝日新聞社，一九八一。
南海道総合研究所編，《南海沿線百年誌》，大阪：南海電気鉄道，一九八五年。
清水義一，《ホームラン・三五〇本：ある高校教師の記録》，東京：錦正社，一九六七。
報知新聞社，《プロ野球二十五年》，東京：報知新聞社，一九六一。
湯川充雄編，《臺灣野球史》，台北：臺灣日日新報社運動具部，一九三二。
鈴木明，《日本プロ野球復活の日：昭和二十年十一月二十三日のプレイボール》，東京：集英社，一九八七。
鶴岡一人，《わしの野球：この道四十年》，東京：講談社，一九六五。
鶴岡一人，《南海ホークスとともに》，東京：ベースボール・マガジン社，一九六二。

身體的阿美族、精神的日本人、身分認同的花蓮港人，或許是岡村俊昭的自我認同。（照片提供：岡村家族）

特別收錄

來自花蓮的回音

王湘惠／中華女足隊長、岡村俊昭遠親

這本書說的不只是歷史，是挖掘更深層的連結，一個人因為棒球踏上他鄉的異國旅程，而成為日本職棒的台灣傳奇。這本書在岡村俊昭逝世快三十年後，經過記者仲嵐哥八年的苦心追查與書寫，終於問世。

岡村俊昭的一生傳奇，幾段文字竄入觸碰我的內心，引起巨大共鳴，沒想到呀，最神奇的是竟然我也出現在本書的一隅。作為岡村俊昭的後代（家族）成員，在時空背景和文化的差異下，鼓舞此時正在澳洲持續職業球員生涯的我，深深引以為傲。傳遞的勇氣和一生懸命的精神，就是我們家族追夢的DNA和最高指標。

葉天送是我常常在家族宗親會上聽見的名字，但我對他一無所知。

而這本書誕生意義非凡、無價，閱讀時感動不已，向仲嵐哥最深的致謝。

伴隨岡村俊昭棒球人生的行李箱，不只乘載著夢想、更多是挑戰的勇氣與決心。也成為台灣原住民參與推動日本百年棒球歷史的最好見證。

LOCUS

LOCUS

L O C U S

LOCUS